Herbert Straeten

# Andere Deutsche unter Hitler

HERBERT STRAETEN

# Andere Deutsche unter Hitler

## Zeitberichte über Retter vor dem Holocaust

v. HASE & KOEHLER

Gesamtherstellung: Zechnersche Buchdruckerei, Speyer
Printed in Germany · ISBN 3-7758-1362-4

# Inhalt

# Vorwort

"Das Vergessen-wollen verlängert das Exil, und das Geheimnis der Erlösung heißt Erinnerung."
Dieses jüdische Wort ist wegweisend für das deutsch-israelische Verhältnis. Bundespräsident Richard von Weizsäcker hat es bei seinem Staatsbesuch in Israel in das Besucherbuch der Gedenkstätte Yad Vashem im deutschen Namen eingetragen. Wir alle sind aufgefordert, die Vergangenheit nicht zu verdrängen, sondern sich ihrer zu erinnern und die Zukunft mit einer neuen Perspektive zu versehen.

Erinnern heißt aber auch, auf Taten der Nächstenliebe hinzuweisen, mit denen viele Deutsche in den dunklen Jahren der Nazi-Herrschaft bewiesen haben, daß Humanität und Menschlichkeit fortlebten. Es ist Herbert Straeten zu danken, daß er solchen Schicksalen, wie Kurt R. Großmann 1957 andere "unbesungene Helden" beschrieben hatte, nachgespürt hat und deren Mut und Aufrichtigkeit dokumentiert.
Die heimlichen Helfer waren allein der Stimme ihres Gewissens gefolgt und bekundeten damit, daß die Traditionen von Humanität auch in Deutschland nicht untergegangen waren. Nicht zuletzt deshalb war es möglich, das neue demokratische Deutschland aufzubauen, das längst als beständiger und verläßlicher Freund Israels seinen Platz in der zivilisierten Welt eingenommen hat.
In Israel selbst entstand die Idee, all derer zu gedenken, die ihr Leben riskierten, um verfolgten Juden zu helfen. So wurde durch Israels Parlament per Gesetz vom 19. August 1953 die nationale Gedenkstätte Yad Vashem eingerichtet. Dort verleiht ein Komitee nach strenger Prüfung den Ehrentitel "Gerechter der Völker", um die heimlichen Helfer nicht in Vergessenheit geraten zu lassen. Unter den Trägern dieses israelischen Ehrentitels sind auch über 300 Deutsche. Ihrer soll mit diesem Buch gedacht werden. Möge ihre Menschlichkeit uns allen auch heute und zukünftig ein Vorbild sein.

Klaus Kinkel

# Einführung

In seinen Reflexionen über den Gottesbegriff nach Auschwitz kam der jüdische Religionsphilosoph Hans Jonas zu der Erkenntnis, daß die Wunder, die in dieser dunklen Zeit geschahen, von Menschen allein kamen: "Die Taten jener einzelnen, oft unbekannten Gerechten unter den Völkern, die selbst das letzte Opfer nicht scheuten, um zu retten, zu lindern, ja, wenn es nicht anders ging, hierbei das Los Israels zu teilen."

Herbert Straetens Buch "Andere Deutsche unter Hitler" beschreibt diese Menschen. Deutsche, die Juden vor dem Terror der Nazis und ihrer Helfer bewahrten, Leben retteten und dabei ihr eigenes gefährdeten. Vielerorts in Deutschland gab es diese mutigen Menschen, denen die Verpflichtung zur Menschlichkeit die höchste moralische Pflicht war. Die meisten Geretteten gab es im Häusermeer von Berlin. Von 50 000 Berlinern jüdischer Herkunft wurden etwa 4 000 von ihren deutschen Mitbürgern geschützt. Als Verstecke dienten oft Gartenhäuser in Schrebergärten, Keller oder Dachböden in Berlin wie in Köln, im Ruhrgebiet und an vielen anderen Orten in Deutschland.

Herbert Straeten beschreibt in knappen und eindringlichen Worten die Menschen aus allen Schichten der Bevölkerung, die Israel heute als "Gerechte unter den Völkern" ehrt: den Industriellen und den Diplomaten, den Hitlerjungen und den Hauptfeldwebel, dic Vikarin und den Bauern, den Konzernchef und den Fabrikarbeiter, den Gärtner und die Waschfrau und viele mehr. Israels Botschafter in Bonn, Ari Primor, hat von ihnen gesagt, sie hätten Deutschlands Ehre, die Ehre der Humanität gerettet. "Es ist unentbehrlich für uns, das wahrzunehmen, nämlich, daß es Mut gab. Das müssen wir in Israel verstehen und weiterhin Verständigung suchen, auch mit unseren Nachbarn", so Primor.

Das Auswärtige Amt hatte seit Ende der 80er Jahre den Bonner Journalisten Rolf Vogel dabei unterstützt, den "heimlichen Rettern", wie er sie immer nannte, ein spätes Denkmal zu setzen. Rolf Vogel hatte über Jahrzehnte Brücken nach Israel geschlagen. Er starb vor der Vollendung seines Manuskriptes. Herbert Straetens Buch ist auch sein Vermächtnis

Nach jüdischem Glauben darf es zum Fortbestand der Welt niemals an 36 Gerechten fehlen. Ihnen gehört dieses Buch.

Reinhard Bettzuege
Auswärtiges Amt

# Einleitung

> "Eine Kollektivschuld des deutschen Volkes an den Verbrechen des Nationalsozialismus können wir nicht anerkennen. Ein solches Eingeständnis würde zumindest denen nicht gerecht, die Leben, Freiheit und Gesundheit im Kampf gegen den Nationalsozialismus aufs Spiel gesetzt haben ...
> Aber eine kollektive Verantwortung gibt es, und wir haben sie stets bejaht."

*Bundespräsident Roman Herzog in seiner Ansprache am 27. Januar 1996 anläßlich des Gedenktages zur Befreiung des Vernichtungslagers Auschwitz 1945.*

## In der Zeit, in der wir leben

Es war im Sommer 1963, als ich mit einer kleinen Gruppe europäischer Journalisten im Kibbuz von David Ben Gurion, dem Gründervater des Staates Israel, in Berscheva in der Wüste Negev war. Wir hatten zum Schutz gegen die Sonne eine blaue Mütze aufgesetzt, mit einer hebräischen Aufschrift an der Seite. Eine holländische Kollegin meinte eher erstaunt, als witzig: "Das sieht schon recht komisch aus, Ihr Deutschen mit der Kibbuzmütze auf dem Kopf."

Sie hatte "komisch" gesagt, aber wohl anderes gedacht. Einige von uns haben die blauen Mützen des israelischen Touristenamtes abgenommen. Warum eigentlich? Sollten Deutsche nur Schirmmützen mit Hakenkreuz und Totenkopf tragen? Kollektivurteile halten sich lange. Bei Ben Gurion, der mit Kanzler Adenauer den ersten Brückenschlag über den Abgrund gewagt hatte, waren wir, wie gesagt, 1963 im Sommer in der Wüste Negev.

Ein Jahr später war ich beim Lokaltermin des Frankfurter Schwurgerichtes in Auschwitz. Es waren rund hundert Journalisten aus aller Welt dabei, die in Pools eingeteilt wurden, ehe sie mit den Staatsanwälten und dem Richter durch das Tor zur Selektions-Rampe gehen durften. Es sollte an diesem Ort des millionenfachen Sterbens keinen Presse-Rummel geben. Ich war bei der ersten Gruppe. Als das Gittertor hinter uns geschlossen wurde, hörte ich einen Kollegen vom nächsten Pool rufen: "Ich muß da rein, laßt mich sofort rein." Es war der Reporter von Kol Israel, dem israelischen Rundfunk.

Der israelische Radioreporter ist hineingekommen und hat seinen Hörern über den Lokaltermin berichtet. Das war im Dezember 1964. Die meisten Angehörigen seiner Eltern sind nicht mehr herausgekommen aus Auschwitz. Das war zwischen 1942 und 1945.

Einen solchen Lokaltermin vergißt nicht, wer als Deutscher geboren wurde. Schamgefühl ist nicht gleich Schuldbewußtsein.

Während einer Informationsreise durch Israel gab es eine Militärparade. Soldaten und Panzer zogen vorbei, mit blauen Fahnen und dem Davidstern. Flugzeuge donnerten am Himmel, am Leitwerk der Davidstern. Wir, Journalisten aus Deutschland, saßen auf den vorderen Bänken der Tribüne, fotografierten, machten Notizen und redeten, wie Journalisten so reden, wenn sie unter sich sind. Dann redete einer dazwischen, ein Mann von der hinteren Bank und sagte: " Na, da staunt Ihr: Alles Juden, auch die Panzerfahrer und die Piloten. Alles Juden."

Der Mann, der das den deutschen Journalisten sagte, war früher Kinderarzt in Nürnberg, in der Bayreuther Straße. Er wußte, daß den Deutschen unserer Generation beigebracht worden war, daß Juden sich nicht zum Soldatentum eignen würden, daß sie keine nordischen

Helden seien wie die Wikinger und Germanen es angeblich waren und die Deutschen es sein sollten. Die Israelis liefern den Gegenbeweis, obwohl das besser nicht nötig wäre.
Davon hat der Arzt aus Nürnberg gesprochen und uns gefragt, wo damals die Helden in Deutschland waren, als Eltern mit ihrem kranken Kind nur noch heimlich in seine Praxis kamen. "Einige sind auch noch am Tage gekommen, aber das waren wenige." Über einige der Wenigen, die sich ihren Mut zur Menschlichkeit bis in die schlimmste Zeit der Verfolgung bewahrt haben, wird in diesem Buch berichtet.

Menschlichkeit ist keine Nationaltugend, weder bei uns in Deutschland noch anderswo. Es war und ist immer falsch, Völker und Menschen zu kategorisieren, sie gar in höherwertig und minderwertig einzuteilen und in kollektive Muster zu pressen.
D i e Russen - d i e Amerikaner - d i e Juden - d i e Deutschen. Wo sind die guten und die schlechten? Wer handelt wann und wo anders als die anderen? Das ist das Thema dieses Buch: Es berichtet, Kapitel um Kapitel, mal kürzer, mal länger, von "den anderen Deutschen", obgleich auch das eine kollektive Bezeichnung ist, die nur als Argument gegen das verallgemeinernde Negativ-Urteil über "die Deutschen" erlaubt sein sollte.

Mehrfach hat mich in der Zeit des Kalten Krieges eine Warschauer Kollegin auf Reisen durch Polen begleitet. Natürlich mußte sie Notizen über mich machen, über den Journalisten aus dem "revanchistischen" Westdeutschland. Das war nun einmal so in der geteilten Welt. Ihr Deutsch war hervorragend, doch erst als ich fragte, wo sie meine Sprache so gut gelernt habe, sagte sie: "Im Warschauer Ghetto."
Sie sagte es ohne Vorwurf, denn sie kannte kein Kollektivurteil über d i e Deutschen. Ihr Mann war ein blonder Hüne, sah aus wie ein "nordischer Herrenmensch". Aber er war Jude und hat überlebt, weil ihn keiner für einen Juden hielt. Andere polnische Juden haben überlebt, weil Deutsche, Frauen wie Männer, sie vor dem "Holocaust" gerettet haben. Davon handeln einige Kapitel in diesem Buch.

Die Klischees vom Anderssein waren es, die meiner Generation eingetrichtert wurden. In der Schule, in der Hitlerjugend, beim Reichsarbeitsdienst, beim Militär und im Kino. Veit Harlans Film "Jud Süß" haben wir mehrfach in der "Jugendfilmstunde" sehen müssen. Als ich in den Ferien zu einer Tante aufs Land am Niederrhein kam, fragten die Dorfkinder den Jungen aus der Stadt: "Sehen die Juden wirklich so aus wie in der Zeitung?" Im Dorf gab es keine Juden, aber es gab einen Zeitungskasten mit dem "Stürmer" von Julius Streicher. Der Antisemitismus sprang aus jeder Zeile in unsere Kinderseelen.

Das Dorf liegt nicht weit von der holländischen Grenze, ein paar Dutzend Kilometer westlich von Düsseldorf, der Stadt Heinrich Heines. In meinem "Lesebuch für die Rheinprovinz" stand das Lied der Loreley mit der Verfasserzeile: "Unbekannter Dichter". Nicht die Lehrer, die Eltern sagten, daß das Gedicht von Heine ist, der ein Jude war aus Düsseldorf am Rhein. "Ich weiß nicht, was soll es bedeuten, daß ich so traurig bin ..." kannte jeder im Rheinland. Dort war es im Lesebuch nicht zu unterschlagen wie in anderen Teilen des Reiches.

Bei den Recherchen für dieses Buch habe ich erfahren, daß damals ein Mann aus Düsseldorf jede Woche mit einem Kind nach Holland gefahren ist. In Holland gab es die beste Schokolade. Der Mann aus Düsseldorf ist immer ohne Kind zurückgekommen. Jede Woche hat er ein Kind in Holland gelassen. Jede Woche ein jüdisches Kind, dessen Vater oder Mutter, wenn nicht beide, im KZ waren. Der Retter der Kinder aus Düsseldorf ist unbekannt geblieben, und man weiß auch nicht, welches dieser Kinder in Holland überlebt hat.

Das "Tagebuch der Anne Frank" aus Amsterdam hat die Welt erschüttert. Daß es dort während der Besatzungszeit einen deutschen Referenten für "Mischlingsfragen" gab, der durch juristische Tricks die "Arisierung" von mindestens 3 000 holländischen Juden erreichte und sie vor der Deportation bewahrt hat, ist in den Niederlanden vielfach gewürdigt worden. In Israel wurde er nach seinem Tode in den "Hain der Gerechten" aufgenommen. In Deutschland blieb er, trotz etlicher Veröffentlichungen, weitgehend unbekannt. Das Schlußkapitel dieses Buches handelt von diesem deutschen Anwalt des Rechtes auf Überleben in jener Zeit.

Steven Spielbergs Film "Schindlers Liste" hat die Kinos rund um den Globus gefüllt. Die Welt sah einen deutschen Fabrikanten, der im besetzten Polen für Hitlers Krieg produzierte, einen Bruder Leichtfuß, der Mitglied der Nazi-Partei war und dennoch mehr als tausend Juden vor dem "Holocaust" gerettet hatte. Brachte Spielbergs Film den Durchbruch im kollektiven Urteil des Auslandes über d i e Deutschen? Trug der Film zu der Erkenntnis bei, daß es damals auch andere Deutsche gegeben hat? Es gibt so viele primitiv gemachte Klischee-Filme aus Hollywood zu diesem Thema, daß es einen grausen kann. Dem Abbau der wechselseitigen Kollektivurteile dienen sie nicht.

Als ich im Zeitungsarchiv die Resonanz auf "Schindlers Liste" nachgelesen habe, fand ich eine Meldung der Deutschen Presseagentur vom 20. Januar 1994 aus den USA: "Amerika reagiert mit Empörung und Betroffenheit auf einen Zwischenfall in einem Kino in Oakland (Kalifornien). Während des Films Schindlers Liste brach eine Zuschauergruppe in Gelächter aus und applaudierte bei grauenhaften Szenen der Juden-Verfolgung."

Wie nimmt ein deutscher Zeitungsleser der älteren Generation eine solche Meldung auf? Antisemitismus auch in Amerika? Ja, wieso denn nicht. Vorurteile sind keine nationale Untugend. Es gibt sie überall. In dem Kino von Oakland aber sind empörte Zuschauer aufgestanden und haben lebhaft geklatscht, als die "rund 80 jungen Leute, die Spielbergs Film im Rahmen ihres Studiums sahen, aus dem Kino gewiesen wurden."(dpa) Das ist es.

"Schindlers Liste" hätte in Deutschland und auch in Israel nicht so überraschend wirken dürfen wie anderswo. In den Ländern der Täter und der Opfer lebt die Vergangenheit in vielen Einzelheiten wie in der historischen Einmaligkeit.

In der Bundesrepublik Deutschland sind seit Jahrzehnten Deutsche, die in der NS-Zeit Menschenleben retteten, bekannt und geehrt. Einige haben das Bundesverdienstkreuz erhalten, nicht nur so unterschiedliche Charaktere wie Berthold Beitz oder Oskar Schindler. Frauen sind sehr häufig die wahrhaft Mutigen gewesen. Einige werden auch hier gewürdigt.

Auch für diese Deutschen ist im "Hain der Gerechten" an der Gedenkstätte Yad Vashem in Jerusalem ein Baum gepflanzt worden als Symbol des Lebens. Sie wurden nach sorgfältiger Prüfung als "Gerechte der Völker" geehrt, mit einem Spruch aus dem Talmud:

*"Jeder, der ein Menschenleben rettet, rettet die ganze Welt."*

Im Menschen spiegelt sich die Welt. Fast 12 000 "Gerechte" aus ganz Europa hatte die Gedenkstätte bis zur Fertigstellung dieser Zeitberichte registriert, darunter fast 300 Deutsche. Der hebräische Begriff "Chassid" bedeutet nach Aussagen der Schriftgelehrten allerdings mehr als "Gerechter". Er steht auch für "Rechtschaffener".

Was war Rechtschaffenheit in jener Zeit? Seit einem halben Jahrhundert werden immer noch mehr Fragen gestellt als Antworten gefunden. Wie konnte es in einem Kulturland wie Deutschland dazu kommen? Warum hat das, was geschah, niemand verhindert? Warum haben so viele zugeschaut und nichts getan? Als in meiner Heimatstadt die Synagoge brannte und die Feuerwehr die Nachbarhäuser schützte, war ich gerade elf Jahre und "Pimpf" geworden. Mein Vater weckte mich in der "Kristallnacht", führte mich an den Platz, wo die Flammen aus dem Gotteshaus der Juden gegen den dunklen November-Himmel schlugen. Den Satz des Vaters habe ich nie vergessen: "Einmal wird die ganze Stadt brennen ..."

Der Bombenkrieg der Alliierten hat die Deportationszüge nicht aufgehalten. Er hat Deutsche, die für Hitler waren, und solche, die gegen Hitler waren, getroffen und ebenso Frauen und Männer in den Zwangsarbeiterlagern am Rande unserer Städte. Bomben töten kollektiv. Daß mit den Trümmern nicht jede Menschlichkeit verschüttet worden ist, daß es in der großen Tragödie des Krieges Retter der Elendesten unter den Elenden gab, wird in einigen Kapiteln aufgezeigt.

In der Zeit des Ungeistes, der erst Bücher und Gotteshäuser und dann Menschen verbrannte, sind die Motive derer, die sich anständig verhalten haben, nicht wichtig. Entscheidend ist die Tat. Bei manchen war es der christliche Glaube, bei anderen Mitleid und bei nicht wenigen die politische und sittliche Überzeugung von der Amoralität des Regimes. Viele mögen, als die Synagogen brannten, zornig und wütend mit geballten Fäusten ohnmächtig und mutlos zugeschaut haben. Etliche Deutsche haben noch in der "Kristallnacht" mehr getan, haben Pogrom-Opfern geholfen und sie im eigenen Hause aufgenommen oder versteckt. In Berlin zum Beispiel und auch anderswo. Auch davon wird in diesem Buch erzählt.

Unser Kinderarzt Dr. Wolf, der weiße Mäuse im Wartezimmer hatte, die uns riesigen Spaß machten, ist kurz nach dem November 1938 "ausgewandert", wie die Älteren sagten. Auch die Freunde einer Tante fuhren mit dem Schiff von Bremerhaven nach Kanada; ihr kleiner Junge, ein blonder Lockenkopf, blieb bei den Großeltern in Deutschland. 1942 und 1943, als die halbe Stadt in Trümmern lag und mit der "Kinderlandverschickung" ganze Schulklassen evakuiert wurden, sind die Juden "umgesiedelt" worden. Der Großvater des Jungen, Offizier des Ersten Weltkriegs, hatte zum "Transport"das Eiserne Kreuz angesteckt, neben dem Judenstern. Er wollte zeigen, daß auch deutsche Juden Soldaten waren und für Kaiser und Vaterland gekämpft hatten. "Gott mit uns" stand auf den Koppelschlössern, den Gürtelschnallen des alten und des neuen Heeres, das nun für "Führer und Vaterland" Europa erobern sollte.

Es sind solche und ähnliche Bilder, verschwommene oder klare Erinnerungen, die meine Generation belasten, ob der Einzelne es wahrhaben will oder nicht. Das ist weniger Schuldzuweisung als Gewissenserforschung. Auch noch ein halbes Jahrhundert danach?

Nicht die Söhne, sondern die Enkel stellen die Fragen, hat mir ein polnischer Kollege zur "Vergangenheitsbewältigung" gesagt, als Bundeskanzler Brandt vor dem Ghetto-Denkmal in Warschau niederkniete und damit im Dezember 1970 keineswegs überall in Deutschland Zustimmung fand. Indessen hat eine neue deutsche Generation sich auf Spurensuche begeben, hat nachgefragt, was damals wirklich geschah und wie es in der eigenen Stadt und auf dem Lande gewesen ist. Und wo es Widerstand und Aufrichtigkeit gegeben hat.

Das ist eine besonders erfreuliche Erfahrung bei meiner Arbeit für dieses Buch: Fast überall in Deutschland gibt es menschlich und politisch engagierte Lehrer und Pfarrer, wißbegierige Reporter und Redakteure, aktenkundige Heimatforscher und Autodidakten, von manchem hochverdienenden Historiker belächelt. Sie haben in Schulen und Jugendheimen, Kirchen und Gewerkschaften, Museen und Gedenkstätten längst damit begonnen, die dunkle Zeit unserer Geschichte aufzuhellen. Wo es möglich war, werden sie in diesem und jenem Kapitel zitiert und genannt. Schließlich haben mehr als tausend Frauen und Männer aller Schichten, Künstler Journalisten und Politiker der demokratischen Parteien, auf gute deutsche Art einen Verein gegründet: "Gegen Vergessen - Für Demokratie", überparteilich und richtungweisend Ursachen und Folgen diktatorischer Gewalt den nachfolgenden Generationen warnend darzulegen. Die Förderung eines wissenschaftlichen Forschungsprogramms "Rettung vor der Shoah" in Berlin gehört dazu.

Die Erforschung der Zeitgeschichte vor Ort hat zu Tage gebracht, daß es mehr Gerechte unter den Deutschen gab als bislang im kollektiven Gedächtnis des eigenen Volkes vermutet wurden.

Die Recherchen zeigen: Nur selten war ein Retter oder eine Retterin allein. Fast immer hatten sie Mitwisser und Mithelfer. Sie zählen zu den vergessenen rechtschaffenen Deutschen.

# Die Zeit, aus der wir nicht entlassen sind.

Das Manuskript für dieses Buch habe ich im Winter 1995/96 geschrieben und es im März dem Verlag zugestellt. Im Spätsommer sollte es gedruckt sein. Doch dazwischen kam Daniel Goldhagen, und von jenseits des Atlantiks rollten schwere Brecher der Schuldzuweisung über die ganz gewöhnlichen Deutschen als "Hitlers willige Vollstrecker".

"Der Spiegel" und "Die Zeit" setzten eine für deutsche Verhältnisse ungewöhnlich leidenschaftliche Diskussion in Gang, die weite Kreise erfaßte und bewegte. Die im Prozeß des Verdrängens fast vergessene These von der Kollektivschuld des deutschen Volkes an der Vernichtung der europäischen Juden war wieder aktuell. Was sollte da ein Buch über "Andere Deutsche unter Hitler"? Die Verschiebung des Erscheinungstermins war angezeigt.

Namhafte deutsche Historiker, die seit Jahrzehnten Ursachen, Motive und Durchführung der staatlich organisierten, systematischen Ausrottung von Millionen Menschen erforschen, widersprachen dem Amerikaner umgehend, manche grundsätzlich, manche en detail. Andere warteten Goldhagens deutschsprachige Ausgabe ab, die im September 1996 vor der "Frankfurter Buchmesse" erschien, begleitet von öffentlichen Vortragsveranstaltungen ("Die Deutschen, ein Volk von Mördern?") und unzähligen Gesprächen in Familien und unter Freunden, einschließlich der Debatten während der durchweg stark frequentierten Lese-Reise Daniel Goldhagens durch deutsche Städte. Mehr als 145.000 mal wurde das Buch "Hitlers willige Vollstrecker" hierzulande verkauft. Noch Ende 1996 stand es an der Spitze der Bestseller-Liste.

Woher das späte Interesse an der NS-Zeit? 50 Jahre nach Auschwitz und Bergen-Belsen, Maidanek und Buchenwald. Eine von vielen Antworten sei wiederholt: Nicht die Söhne, die Enkel stellen die Fragen. Es spricht für die nachgewachsene deutsche Generation, daß sie sich der Epoche der Barbarei widmet, Aufklärung sucht und

Spuren nachgeht. (Im November 1996 berichtet die "Frankfurter Allgemeine" von Schülern der Berliner Thomas-Mann-Oberschule, die mit polnischen Gymnasiasten den deutschen Judenfriedhof in Breslau/Wroclaw rekultivieren. Versöhnungsarbeit der Nachgeborenen - "Aktion Sühnezeichen" über ein halbes Jahrhundert).

Zugleich fragen sich immer mehr Ältere, wie sie sich damals verhalten haben, was sie gesehen und gehört haben oder warum sie schwiegen oder was sie hätten tun können? Vermutlich ist wegen der Suche nach Antworten auf solche Fragen auch ein anderes Buch zum Bestseller geworden: Die Tagebücher des Dresdner Romanistik-Professors Victor Klemperer. Titel "Ich will Zeugnis ablegen bis zum letzten". 90.000 Deutsche hatten es bis Herbst '96 gekauft, nicht zuletzt ältere Leute, die Zeitzeugen waren.

Kurz vor Weihnachten 1939 notierte Klemperer: "Ich war am Montag im jüdischen Gemeindehaus, Zeughausstraße 3, neben der abgebrannten und abgetragenen Synagoge, um meine Steuer und Winterhilfe zu zahlen. Großes Gedränge: Von den Lebensmittelkarten (der Juden) wurden die Marken für Pfefferkuchen und Schokolade abgeschnitten, zugunsten derer, die Angehörige im Felde haben. Auch mußten die Kleiderkarten abgegeben werden: Juden erhalten nur Kleidung auf Sonderantrag ..." Ein paar Tagebuchseiten weiter; 24. Dezember 1939: "... heute (kam) ... tapfer und wahrhaft rührend: Frau Maria Haeselbarth - früher meine Hörerin vom Pädagogischen Institut, jetzt mit einem juristischen Angestellten verheiratet - kennt unsere Situation, wir sprachen mehrfach miteinander. Heute also erscheint sie: weil wir doch eine Reihe Marken nicht bekämen und weil sie durch ihre Kinder bessergestellt seien, bringe sie ein paar Weihnachtsgaben, nämlich zwei große Kalbsschnitzel, ein Ei, eine Büchse Kunsthonig, eine Tafel Schokolade, zwei Pfefferkuchen, ein paar Socken, zwei Büchsen Milch ... Dazu noch eine eben erschienene Buchstudie von Reinhold Schneider: 'Corneilles Ethos'. Wir waren sehr erschüttert ... Das ist ein Ausdruck der Tapferkeit und ein Oppositionsbekenntnis", vermerkte Klemperer.

*War es das? War es ein Oppositionsbekenntnis?*

War jene Frau Haeselbarth eine von den anderen Deutschen unter Hitler? Wir wissen nur, daß sie mit einer mutigen Geste ihrem ehemaligen Literatur-Professor und dessen "arischer" Frau zur ersten Kriegsweihnacht ein Zeichen der Hoffnung gegeben hat. In Klemperers erschütternden Notizen liest man immer wieder von solchen Gesten. Daniel Goldhagen schreibt nichts über die anderen Deutschen unter Hitler. Den Massenmord haben auch sie nicht verhindern können.

"Wir waren doch alle abgestumpft, zur Härte erzogen. Mitleid war Schwäche," hörte ich kürzlich jemanden sagen, der als Soldat in der libyschen Wüste und in der Weite Rußlands den Krieg überlebt hat. Er sagte es nicht entschuldigend, eher rückbesinnlich, für sich selbst eine Erklärung suchend: "Warum - warum? Heute weiß ich mehr, als ich damals wußte. Das war ja keine leere Parole: Wer liegenbleibt, wird erschossen. Das ist doch passiert!"
Nicht nur mit Juden auf den Todesmärschen, die Goldhagen so eindringlich schildert, auch mit sowjetischen Kriegsgefangenen, "Untermenschen" ohne den Schutz der Genfer Konvention. Polnische Zivilarbeiter und -arbeiterinnen waren ab 1940 gekennzeichnet durch "ein auf der Spitze stehendes Quadrat, in dem auf gelbem Grund in violetter Schrift ein großes P stand." So die Vorschrift. Der "Davidstern" für deutsche Juden folgte offiziell im September 1941. Typenschilder für Völker und Rassen - gewöhnt man sich daran?
Abgestumpft und zur Härte erzogen? Ist das eine Erklärung für das Schweigen der großen Menge? In Berlin gab es einen Lumpenhändler, der mehrere jüdische Flüchtlinge versteckt und gerettet hat. Seine Tat ist ausführlich beschrieben worden und fehlt in diesem Buch. Der Altwarenhändler war einer von den anderen Deutschen in der Reichshauptstadt. Schrott und Lumpen waren wertvolle Rohstoffe, wurden von der Hitler-Jugend gesammelt, abgeliefert zur Wiederverwertung - heute "Recycling" genannt - für die kriegswichtige Produktion. Die HJ marschierte singend durch die Stadt: "Lumpen, Eisen, Knochen und Papier, ausgeschlagene Zähne

sammeln wir ..." Es waren Kinder, die das lauthals gesungen haben. In Auschwitz wurden dann die Haare der Vergasten "recycelt".

Abgestumpft und zur Härte erzogen? Die Erziehung zur Gewalt im Denken und Handeln läßt sich nicht wegwischen. "Es zittern die morschen Knochen, der Welt vor dem großen Krieg, wir haben die Knechtschaft zerbrochen, für uns war es ein großer Sieg. Wir werden weiter marschieren, wenn alles in Scherben fällt, denn heute gehört uns Deutschland und morgen die ganze Welt." Der katholische Liedermacher Hans Baumann, von dem "Worte und Weise" stammten, hatte eigentlich vor dem "roten Krieg" die morschen Knochen zittern lassen und getextet: "Heute h ö r t uns Deutschland..." Die HJ sang, was sie glauben sollte: Heute g e hört uns Deutschland und morgen die ganze Welt. Sie sang es unüberhörbar beim Marsch durch die Straßen. "Warum haben Sie die Fahne nicht gegrüßt?" wurden Passanten angepfiffen, die vor dem Hakenkreuz-Wimpel nicht den rechten Arm erhoben hatten. Aus Unachtsamkeit oder aus Überzeugung? Weggehen und Wegsehen erschien vielen als die klügere Methode.
Die Deutschen, von denen diese "Zeitberichte" handeln, waren Ausnahmen. Männer und Frauen, die sich als Menschen bewährten, selten alleinhandelnd, meist unterstützt von Anverwandten, Freunden oder Nachbarn, eben anders als jene gewöhnlichen Deutschen, die als "Hitlers willige Vollstrecker" die These von der Kollektivschuld beweisen sollen, gestützt durch erschreckende Zitate aus viel gelesenen antisemitischen Schriften und Reden radikal-völkischer Geistesgrößen Deutschlands. Deren Vollstrecker war Hitler zweifelsohne. (Der SS-Intellektuelle Dr. Werner Best, der im ersten Kapitel dieses Buches als zwielichtiger "Reichsbevollmächtigter für Dänemark" erscheint, war von diesem Ungeist wie viele Akademiker seiner Generation geprägt und wurde folgerichtig zu einem der einflußreichsten Schreibtischtäter, wie der Freiburger Historiker Ulrich Herbert in seinem kürzlich vom Dietz-Verlag verlegten Buch "Best/Biografische Studien" nachweist. Best war Mitbegründer und -Organisator der Judenvernichtung; auch er kann nicht für einen Schuldspruch über alle Deutschen in Anspruch genommen werden).

Die Suche nach den Ursachen des Unbegreiflichen wird längst von der Suche nach Taten der Humanität in der dunkelsten Periode unserer Geschichte begleitet. Daß der Weg dahin über einen spezifisch deutschen "eliminatorischen Antisemitismus" führte, wie Daniel Goldhagen zu beweisen versucht hat, ließ die Frage, ob "die Deutschen Hitlers willige Vollstrecker" waren, in die Gegenfrage umkehren, ob Hitler nicht der Vollstrecker dessen war, was "*die*" Deutschen schon lange gewollt hätten: Die Vernichtung der Juden. Einer der Kernsätze Goldhagens steht auf Seite 446 seines Buches:

"Die Deutschen konnten zum Massenmord nein sagen. Sie haben sich dazu entschlossen, ja zu sagen."

Das ist eine so nicht haltbare Behauptung. Sie macht nur Sinn im Hinblick auf die Tatsache, daß kein einziger Angehöriger der Mordkommandos verurteilt oder hingerichtet worden ist, der sich einem Mordbefehl entzogen hat, was in vielen Fällen möglich war. Die meisten Mörder in Uniform - zu denen auch von der SS aufgestellte ("verbündete") Sondereinheiten von Litauern, Ukrainern, Slowaken, Kroaten und muslimischen Bosniaken zählten - haben nicht nein, sondern ja zum Massenmord gesagt. Da hat Goldhagen recht. Aber das ganze deutsche Volk?

"Welch ein historischer Irrtum!" empört sich der 1926 in Breslau geborene und 1938 mit zwölf Jahren vertriebene jüdische Historiker Fritz Stern über diese Kollektiv-Beschuldigung. (Die "Welt am Sonntag" druckte im November 1996 einen in "Foreign Affairs", der angesehenen Zeitschrift für internationale Politik, erschienenen kritischen Essay Sterns über Goldhagens Buch). Zitat:

"Goldhagen behauptet, die Straße nach Auschwitz habe geradeaus geführt, und er schenkt Improvisationen und Unsicherheiten des Naziregimes in seinen ersten fünf Jahren wenig Beachtung. Doch die Politik während dieser Periode zielte auf die Vertreibung, nicht auf die Vernichtung der Juden, auf ihre Isolierung und Verarmung, um sie so zu veranlassen, das Land zu verlassen." (520 000 Juden lebten

1933 in Deutschland, weniger als ein Prozent der Bevölkerung. Bis Kriegsende war etwa die Hälfte geflohen oder emigriert).

Das war schlimm genug, und es war noch schlimmer, daß 1938 in der sogenannten "Kristallnacht" so viele zugeschaut haben, als Läden zertrümmert, Synagogen angezündet und 30.000 deutsche Juden abgeführt wurden. Goldhagen meint, dies sei der Tag gewesen, "an dem das deutsche Volk das Schicksal der Juden besiegelte, und zwar dadurch, daß es das Regime wissen ließ, daß es mit der sich entfaltenden Eliminierungspolitik übereinstimmte, selbst wenn es manchmal lautstarke Proteste gegen einige der Maßnahmen gab."

Der jüdische Historiker Fritz Stern aus Breslau, in Amerika lebend und lehrend, nennt das ohne Umschweife einen historischen Irrtum. Er sagt dies der geschichtlichen Wahrheit wegen und erinnert daran, daß Hitler 1938 auf dem Höhepunkt seiner Macht stand. Er hatte die Massen-Arbeitslosigkeit durch Straßenbau und Rüstungsaufträge beseitigt, hatte Österreich "heim ins Reich" geholt, deutsch war die Saar längst wieder, und die Tschechoslowakei hatte er mit Billigung von Paris und London ohne Krieg zerschlagen können. "Ein Volk - ein Reich - ein Führer", der nationalistische Rausch saß tief, zumal jede Opposition ausgeschaltet und verboten war. Namhafte Parlamentarier und Journalisten, Künstler und Schriftsteller waren eingesperrt oder ins Ausland geflüchtet. Unter den ersten Opfern Hitlers waren viele ganz gewöhnliche Deutsche.
Stern stellt in seinem Essay die Frage: "Welche Chance hatte das Volk, sich gegen ein fest etabliertes terroristisches Regime zu erheben, das darüber hinaus gerade zu jenem Zeitpunkt ganz ungewöhnliche Triumphe gefeiert hatte ... Wenn das Volk mit der sich entfaltenden Eliminierungspolitik (also der Vernichtung aller Juden. D. Autor) übereinstimmte, warum gab sich das nationalsozialistische Regime dann soviel Mühe, seine späteren Verbrechen vor dem Volk zu verbergen, sie bei Nacht und Nebel, wie die berühmte Redewendung lautete, auszuführen, und die ersten Vernichtungslager außerhalb der Grenzen des Reiches zu errichten? Fürchtete es sich vor Phantomen?"

Dann fügt Stern, der vertriebene Schlesier des Jahres 1938, hinzu: "Darüber hinaus ignoriert Goldhagen die Fälle anständigen Verhaltens, wobei jede dieser Handlungen mit schrecklicher Vergeltung bedroht war."

Um einige Fälle anständigen Verhaltens geht es in diesem Buch. Fritz Stern bemerkt dazu in einer Randnotiz seines Essays: "Ganz allgemein haben diese Fälle von Anstand und Widerstand zuwenig Aufmerksamkeit erfahren, insbesondere in Deutschland."

Auch deshalb ist dieses Buch geschrieben worden: Als Buch gegen jedes Kollektivurteil, nicht als Alibibuch.

Herbert Straeten, zur Jahreswende 1996/97

# Der deutsche Diplomat, die Juden und die Dänen

"Ich weiß, was ich zu tun habe."
(Georg Ferdinand Duckwitz im September 1943)

Dies ist die Geschichte eines deutschen Diplomaten, der Menschenpflicht über Staatsgehorsam stellte. Es ist die Geschichte des Bremer Außenhandelskaufmanns Georg Ferdinand Duckwitz während seiner Zeit als Diplomat des Deutschen Reiches. Schon vor 1933 war er Mitglied in Hitlers Partei geworden. 1939 machte Reichsaußenminister von Ribbentrop ihn zum "Sachverständigen für Schiffahrtsfragen" an der deutschen Gesandtschaft bei der Regierung des Königs von Dänemark. Nach dem Kriege wurde er Botschafter in Kopenhagen, bekam Schwierigkeiten im Amt wegen seiner realistischen Auffassung zur Grenze an Oder und Neiße und war 1970 bewegter Zeuge des unvergessenen Kniefalls von Bundeskanzler Willy Brandt vor dem Warschauer Ghetto-Denkmal. Die Geschichte dieses Diplomaten ist die Geschichte eines Deutschen, der wesentlich dazu beotrug, daß mehr als 7000 Juden, Frauen und Kinder, Männer und Greise, vor der Vernichtung gerettet wurden. Das war im September 1943.

*****

9. April 1940, 5.30 Uhr: Das "Unternehmen Weserübung" des Oberkommandos der Wehrmacht beginnt. Zu Wasser, zu Lande und aus der Luft greift die deutsche Wehrmacht Dänemark und Norwegen an. Eine halbe Stunde vor dem auf Befehl Hitlers festgesetzten Angriffstermin überreichen die deutschen Gesandten in Kopenhagen und Oslo gleichlautende Noten, wonach die Neutralität der beiden skandinavischen Länder vor einer drohenden Invasion der Alliierten "unter den Schutz des Deutschen Reiches" gestellt werde. Das kleine Dänemark ergibt sich kampflos. Der König bleibt, formell auch eine eigene Regierung und das Parlament. Dänemark wird von der

Besatzungsmacht als eine Art "Musterprotektorat" betrachtet. Drei Jahre später wird das Volk der Dänen eine unvergleichliche Ruhmestat vollbringen, die ohne den deutschen Diplomaten Duckwitz nicht möglich geworden wäre.

Die rund 8 000 jüdischen Bürger Dänemarks blieben im Unterschied zu den Juden im Reich und den anderen okkupierten Ländern vorerst verschont. Warum die Gestapo sich hier zurückhielt, darüber ist viel spekuliert worden. Die internationalen Verbindungen des Königs mögen eine Rolle gespielt haben oder die Nähe zum neutralen Schweden, auf dessen Erze die deutsche Rüstungsindustrie nicht verzichten konnte. Vielleicht wollten sich Himmler und Eichmann für die "Endlösung" im Norden auch nur Zeit lassen.

Die Todesglocke für die dänischen Juden wurde im September 1943 angeschlagen und von Georg Ferdinand Duckwitz angehalten.

Der Schiffahrts-Experte der deutschen Gesandtschaft war nach dem Studium als Jurist und Volkswirt zum ersten Mal 1928 als Außenhandelskaufmann des Bremer Unternehmens "Kaffee Hag" in der dänischen Hauptstadt tätig gewesen. Er kannte sich dort aus, hatte Bekannte und vielseitige Kontakte, als er bei Kriegsbeginn 1939 aus der Position eines Prokuristen der Hamburg-Amerika-Linie (HAPAG) in den auswärtigen Dienst des Reiches wechselte und abermals nach Kopenhagen kam. Diesmal als Diplomat. Es war seine Kenntnis von Land und Leuten, die den Reichsaußenminister von Ribbentrop veranlaßte, ihn dorthin zu entsenden, und es war der gleiche Vorteil, der ihm seine mutige Rettungsaktion erleichterte. Ironie des Schicksals.

Am 29. August 1943 - ein halbes Jahr nach der verlorenen Schlacht von Stalingrad - wurde über Dänemark der Ausnahmezustand verhängt. Das verschärfte die innenpolitische Lage dort dramatisch. Der Reichsbevollbemächtigte für Dänemark, SS-Obergruppenführer Dr. Werner Best, glaubte, in Berlin sei man mit seinem "gemäßigten Kurs" nicht mehr einverstanden gewesen. Intrigen und Kompetenzstreitigkeiten waren in der SS-Hierarchie nicht ungewöhnlich. Der SS-General, der über Dänemark herrschte, zog eine verhängnisvolle Konsequenz: In einem Geheimtelegramm an das Auswärtige Amt in der Berliner Wilhelmstraße forderte er, nun auch in Dänemark "die Judenfrage" zu lösen. Das bedeutete: "Endlösung", wie sie auf der "Wannsee-Konferenz" im Januar 1942 beschlossen worden war. Im Sommer 1943, als Dr. Best sein Telegramm nach Berlin schickte, liefen die Vernichtungs-Fabriken im "Generalgouvernement" auf Hochtouren.

SS-Obergruppenführer Best versuchte allerdings in dieser Zeit der militärischen Wende des Krieges, auf zwei Schultern zu tragen. Er vermutete, wie Johannes Dose, der spätere Presse- und Kulturattaché der deutschen Botschaft in Kopenhagen, in seiner Duckwitz-Würdigung für das Auswärtige Amt geschrieben hat, mit seinem Vorschlag, Dänemark "judenfrei" zu machen, "einen klugen Schachzug zu tun". Wollte er doch angeblich erfahren haben, daß der "Führerbefehl" zur Deportation der dänischen Juden bereits vorbereitet war. So demonstrierte er getreu dem SS-Spruch "Unsere Ehre heißt Treue" seine Entschlossenheit in der "Judenfrage" (auch in der Erwartung, auf dem angenehmen Posten in Kopenhagen bleiben zu können), führte aber im gleichen Telegramm etliche Schwierigkeiten und Probleme an, die der Deportation von 8 000 Männern, Frauen und Kindern vor den Augen der dänischen Öffentlichkeit entgegenstehen würden. Das war der Trick in seinem Doppelspiel.

Der "eiskalte Zyniker" Dr. Werner Best, einer der intellektuellen Vorbereiter der "Endlösung", von Beginn an enger Mitarbeiter Heydrichs und in Polen wie in Frankreich nach der Besetzung als hoher SS-Offizier im Einsatz, versuchte sich in Dänemark als "rettender Engel mit blutigen Flügeln" (dänische Zeitungen über Best). Er meldete nach Berlin, für eine Massendeportation solchen Umfangs reichten die ihm zur Verfügung stehenden Polizeikräfte nicht aus. Auch die in Dänemark stationierten deutschen Wehrpflichtigen und Kriegsfreiwilligen, blutjunge Rekruten, seien dafür nicht geeignet. Schließlich müsse ein Schiff für mindestens 5 000 Personen - von Passagieren konnte keine Rede sein - über die Ostsee geschickt werden, mitten im Krieg, als die Russen nach ihrem Sieg an der Wolga den Druck auf die Ostfront massiv verstärkten und die Alliierten bereits in Süditalien kämpften. Das waren keine moralischen, sondern rein administrative und kriegsbedingte Bedenken, die der Jurist Dr. Best gegen die von ihm zugleich geforderte "Juden-Aktion" auflistete.

Wenige Tage nach Abgang des Telegramms tat der SS-General seinen geschicktesten Schachzug: Er informierte den Gesandtschafts-Diplomaten Duckwitz, von dem er wußte, daß er Kontakte zu dänischen Widerstandskreisen hatte.

Duckwitz war entsetzt. Er hoffte - was auch Best vorgab -, daß die angeführten Einwände gegen eine Deportierung der dänischen Juden bei den Bürokraten des Todes in Berlin langwierige Prüfungen und Überlegungen auslösen würden und damit Zeit gewonnen werden könne. Duckwitz flog mit Billigung des SS-Obergruppenführers sofort nach Berlin, das - wie viele andere Großstädte - im Herbst 1943 längst Ziel schwerer Luftangriffe der Royal Air Force und amerikanischer Bomber-Geschwader war.

Duckwitz eilte in die Wilhelmstraße, um die Weiterleitung des Telegramms an Außenminister von Ribbentrop und den "Führer" anzuhalten. Zu spät! Die beamteten Schreibtischtäter hatten die Aufforderung des Reichsbevollmächtigten Dr. Best, Dänemark "judenfrei" zu machen, bereits an das Führerhauptquartier auf den Dienstweg gebracht. Die administrative Erledigung der "Judenfrage" in Dänemark war in Gang gesetzt.

Georg Ferdinand Duckwitz war schockiert, aber er ließ sich nicht entmutigen, alles zu unternehmen, um das unabwendbar scheinende Schicksal von 8 000 Menschen in letzter Stunde zu wenden. Mit Unterstaatssekretär Henke, einem Freund im Auswärtigen Amt, verfaßte er ein inhaltsschweres Memorandum, in denen alle, den

Zeitumständen nach einleuchtende Gründe und Bedenken aufgeführt waren, die gegen die Massen-Deportation aus dem bislang einigermaßen ruhig verwalteten "Musterprotektorat" sprachen. Die Befürchtung massiver Widerstandsaktionen der Dänen gehörte dazu. Doch alles war vergeblich.

Am 8. September hatte Best sein Telegramm absetzen lassen - am 17. September kam die Antwort aus Berlin: Der Führer hat der Aufforderung zur Lösung der Judenfrage in Dänemark zugestimmt. Dazu Hans Dose in seiner AA-Broschüre über Duckwitz: Reichsaußenminister Ribbentrop gab Best Weisung, über den Bedarf an Polizeikräften zu berichten, damit diese bei der SS angefordert werden könnten.

Am Abend dieses Tages (19. September 1943) vermerkte G.F. Duckwitz in seinem Tagebuch: "Ich weiß, was ich zu tun habe". Und er tat, was er nach seiner innersten Überzeugung tun mußte.

Duckwitz flog nach Stockholm, ins neutrale Schweden, informierte Ministerpräsident Per Albin Hansson, einen führenden skandinavischen Sozialdemokraten, über die bevorstehende Verschleppung aller Juden aus Dänemark in Konzentrations- und Vernichtungslager. Der deutsche Diplomat empfahl der schwedischen Regierung eine Intervention bei der Reichsregierung in Berlin. Zugleich solle Schweden die Aufnahme aller dänischen Juden anbieten. Offiziell hat Schweden, um die Wahrung seiner Neutralität besorgt, in Berlin interveniert, doch angeblich die Aufnahme der Bedrohten vom Einverständnis der deutschen Regierung abhängig gemacht. In Berlin verbat man sich jede Einmischung in innere Angelegenheiten des Deutschen Reiches.

Duckwitz war von der Hilfsbereitschaft der Schweden überzeugt. Er hatte in Stockholm viele Freunde aus der Vorkriegszeit und war nach seinen Gesprächen ganz sicher, daß Schweden die dänischen Juden aufnehmen werde. Die hatten zu diesem Zeitpunkt noch keine Ahnung, daß ihre "Umsiedlung" beschlossene Sache war. Noch am 24.

September wurde dem Vorsitzenden der Jüdischen Gemeinde in Kopenhagen, C.B. Henriques, von einem hohen dänischen Regierungsbeamten auf seine besorgten Fragen erklärt, alle Gerüchte über eine bevorstehende "Juden-Aktion" der deutschen Besatzungsmacht seien grundlos. Dem Bischof von Kopenhagen versicherte auf dessen Vorstellungen der Reichsbevollmächtigte Dr. Best sogar persönlich: "Die Frage ist überhaupt nicht angeschnitten."

Am Tage nach dieser schwerwiegenden Lüge des SS-Generals gegenüber dem Bischof erfuhr Duckwitz den Termin der befohlenen "Juden-Aktion" durch SS und Sicherheitspolizei: In der Nacht zum 2. Oktober sollten alle 8 000 Menschen jüdischer Abstammung, von denen die Mehrheit in Kopenhagen lebte, schlagartig verhaftet und außer Landes gebracht werden. Bis dahin waren nur noch wenige Tage.

Der Diplomat Duckwitz tat, was er nach seiner Auffassung von Recht und Gewissen tun mußte. Während er dänische Widerständler informierte, nutzte er interne deutsche Kontakte, um die Deportation zu verhindern. Meist vergeblich. Der Chef der Zivilverwaltung des kommandierenden Generals von Hanneken bezweifelte, daß sein Chef einem "Führerbefehl" zuwiderhandeln würde. Duckwitz antwortete, er selbst werde genau das tun. Dr. Werner Best, der zwielichtige Taktierer im SS-Generalsrang, schloß selbstverständlich rundweg aus, entgegen dem Befehl des Führers zu handeln. Allerdings, so seine Hintertüre, werde er "eine illegale Ausreise der Juden nicht verhindern können", zumal die deutsche Polizei nicht genügend Einsatzkräfte habe. "Wenn ich doch nur eine Brücke über den Öresund bauen könnte", soll Best (nach dem Dose-Bericht) zu Duckwitz vertraulich und scheinbar ratlos gesagt haben.

Es gab keine Brücke über den Öresund, der zwischen Kopenhagen und dem schwedischen Malmö etwa zwanzig Kilometer breit ist und bei Helsingör und Helsingborg seine engste Stelle hat. Gab es auch keine Brücke, so gab es doch ungezählte Dänen und auch etliche Deutsche bei einer schwimmenden Rettungsaktion für mehr als

7 000 Menschen über den Meeresarm, der Dänen und Schweden im Frieden verbindet und im Krieg trennte.

Einer der deutschen Retter war Friedrich Wilhelm Lübke, Chef des Seetransportwesens in Aarhus. Keineswegs zufällig erfuhr er von der geplanten Deportation schon, bevor er den Befehl erhielt, die im Hafen liegende "Monte Rosa" für den Abtransport der Kopenhagener Juden seeklar zu machen. Lübke und Kapitän Bertram von der "Monte Rosa" waren Freunde und kamen schnell überein, einen Maschinenschaden der "Monte Rosa" vorzutäuschen - fast zeitgleich informierten sie ihnen zuverlässig erscheinende Dänen von der geplanten Menschenverschleppung.

Die "Monte Rosa" blieb vor Anker in Aarhus, obwohl der Druck höchster deutscher Dienststellen auf Kapitän Bertram und See-Transport-Chef Lübke immer massiver wurde. Schließlich mußten zwei Schiffe in Stettin klargemacht werden, um in Dänemark die Menschenfracht für die Vernichtungslager im "Generalgouvernement" abzuholen. Dazu kam es nicht.

Duckwitz, Diplomat an der deutschen Gesandtschaft, hatte seine Kollegen von der schwedischen Gesandtschaft informiert, die umgehend einen ihrer Diplomaten nach Stockholm schickte mit dem dringenden Auftrag, keinen Zweifel an der geplanten "Juden-Aktion" zuzulassen und auf Rettungsmaßnahmen hinzuwirken. Da man in Stockholm von Duckwitz vorgewarnt war, traf der Abgesandte aus Kopenhagen auf offene Ohren. Die Vorbereitungen für die Aufnahme von Tausenden liefen an.

Unterdessen hatte Duckwitz riskante, ja für ihn selbst lebensgefährliche Geheim-Gespräche mit einflußreichen dänischen Sozialdemokraten geführt; darunter drei späteren Ministerpräsidenten. (Als Duckwitz 1955, zehn Jahre nach dem Krieg, Botschafter der Bundesrepublik Deutschland in Kopenhagen wurde, empfingen nicht nur sie ihn als Freund und Repräsentanten des "anderen Deutschland").

Die Untergrund-Treffen im Herbst 1943 mit aufrechten Dänen, Folketings-Abgeordneten und anderen, hatten für Duckwitz nur ein Ziel: Warnt die jüdische Gemeinde und bereitet die Flucht von mehreren tausend Menschen vor. Sie müssen untertauchen, noch ehe die Verhaftungs-Aktion in der Nacht zum 2. Oktober beginnt. Indessen mußte damit gerechnet werden, daß SS und Sicherheitspolizei früher zuschlagen würden, falls sie erfahren sollten, daß sich im dänischen Volk breiter Widerstand gegen die "Juden-Aktion" formierte.

Oberrabbiner Markus Melchior verzweifelte nicht, als er erfahren hatte, was geschehen sollte, sondern handelte. Beim Frühgottesdienst in der Synagoge forderte er die Gläubigen auf, so schnell wie möglich mit ihren Familien unterzutauchen, sich zu verstecken, verläßliche Freunde aufzusuchen, jeden Verdacht zu vermeiden, einfach zu verschwinden. Das geschah am 29. September - drei Tage vor dem Termin.

Am gleichen Tag protestierte der Bischof von Kopenhagen, Hans Fuglsand-Damgaard, bei den obersten Behörden der Besatzungsmacht gegen jede Verfolgung der Juden mit einer kirchenoffiziellen "Abkündigung", die am 3. Oktober von den Pfarrern auf den Kanzeln aller Kirchen Dänemarks zu verlesen war.

Zitat:
"Es ist die Pflicht der christlichen Kirche, überall dagegen zu protestieren, wo Juden aus rassischen oder religiösen Gründen verfolgt werden, weil dies gegen das Rechtsbewußtsein des dänischen Volkes verstößt..."

Der Bischof war kein Rufer in der Wüste des Terrors. Zahlreiche dänische Verbände und Organisationen, unterschiedlicher Richtungen, machten ihren Protest öffentlich. Die drohende Verschleppung von 8 000 Menschen auf Grund eines "Führerbefehls" erregte Dänemark vom Mann auf der Straße bis zum König, der bei Hitlers Statthalter, dem SS-Obergruppenführer Dr. Werner Best, intervenierte. Das geschah am Vorabend der beabsichtigten Massen-Verhaftungen.

Was Georg Ferdinand Duckwitz erreichen wollte, war auf den Weg gebracht: Die Rettung der Juden in Dänemark.

Es blieb nicht bei offiziellen Interventionen und öffentlichen Protesten. Binnen weniger Tage verschwanden mehr als 7 000 Frauen und Kinder, Alte und Kranke, Juden allesamt, im Untergrund; wurden in Krankenhäusern, Altersheimen, Pensionen und Bauernhäusern und Wohnungen untergebracht oder versteckt. Die Angst vor Denunzianten war groß, nicht nur wegen der deutschen SS und Polizei, auch Angst vor eigenen Nazis, die es in Dänemark wie anderswo gab. Noch im April 1945 kämpften dänische SS-Männer vom Regiment "Danmark" der 5. SS-Panzerdivision "Wiking" in der Schlacht um Berlin nahe der Reichskanzlei.

Die von Duckwitz initiierte Rettungsaktion verlief in den Nächten vor dem 2. Oktober 1943 systematisch und erfolgreich. Aus dem Untergrund heraus organisiert, wurden mit Fischkuttern jeder Größe und kleinen Booten, mit allem, was schwimmen und Menschen tragen kann, mehr als siebentausend Menschen, alte Leute, Kinder und ganze Familien, über den Öresund ins neutrale Schweden geschafft und vor dem "Holocaust" gerettet.

Wie war das möglich angesichts der übermächtigen deutschen Militärmacht? Duckwitz hatte auch militärisch Vorsorge getroffen: Der deutsche Hafenkommandant von Kopenhagen befahl die "technische Überholung" der vor Anker liegenden Schnellboote. Damit war die Küstenüberwachung durch die deutsche Kriegsmarine in den dramatischen Tagen und Nächten der Rettungsaktion praktisch stillgelegt.

Der Hafenkommandant war ein ehemaliger HAPAG-Kollege und Freund von Georg Ferdinand Duckwitz. Solche Freunde braucht ein Mann.

Zitat: "Es ist immer gut, tüchtig zu sein und einen guten Posten zu haben, aber wichtiger ist es, Mensch zu sein."

(Georg Ferdinand Duckwitz)

****

Von den 8000 Juden Dänemarks wurden 476 gefaßt und nach Theresienstadt geschafft, wo mehr als 50 von ihnen ums Leben kamen. Für den deutschen Diplomaten Georg Ferdinand Duckwitz wurde 1971 ein Baum in der "Allee der Gerechten" an der Gedenkstätte Yad Vashem in Jerusalem gepflanzt. König Frederik IX. verlieh ihm das Komturkreuz des Dannebrog-Ordens, die höchste dänische Auszeichnung. 1955 wurde Duckwitz Botschafter der Bundesrepublik in Kopenhagen; 1967 holte Außenminister Willy Brandt ihn als Staatssekretär ins Auswärtige Amt. Eine Gedenktafel an seinem damaligen Wohnhaus in Kopenhagen erinnert an seine einmalige Tat. Duckwitz starb 1971 mit 68 Jahren in seiner Heimatstadt Bremen.

Dr. Werner Best, Mitbegründer der Gestapo, wurde 1948 in Dänemark zum Tode, später zu zwölf Jahren Haft verurteilt, aus der er bereits 1951 entlassen wurde. Das Gericht stellte fest, Best habe getan, was er tun konnte, um die von ihm geforderte "Juden-Aktion" zu begrenzen. Nach seiner Rückkehr wurde er Justitiar der Hugo-Stinnes Industrie- und Handels GmbH in Mülheim/ Ruhr. Ein Berliner Spruchkammerbescheid gegen Best wurde von 70 000 DM auf ca. 165.- DM gemindert. Prozesse wegen der Ermordung von 11 000 Juden in Polen und der Deportation französischer Juden wurden 1983 bzw. 1987 wegen "Verhandlungsunfähigkeit" eingestellt. Best starb mit fast 86 Jahren 1989 in Düsseldorf. (Der Freiburger Historiker Prof. Ulrich Herbert hat 1996 beim Dietz-Verlag eine umfangreiche Studie über Best als Prototyp des Schreibtischtäters veröffentlicht.)

# Der Hauptfeldwebel und die Platzkarten

Hugo Armann war einer jener Hauptfeldwebel der Deutschen Wehrmacht, die von den Landsern pauschal "Schreibstuben-Hengste" genannt wurden. Im Gegensatz zu ihnen, den sogenannten "Frontschweinen". Hauptfeldwebel Armann war Mensch.

Hugo Armann leitete im Frühjahr 1942 keine übliche Kompagnie-Schreibstube; er hatte eine besondere Schreibstube. Sie unterstand dem "Kommandeur für Urlaubs-Überwachung" im ostpolnischen Baranowicze, einer Eisenbahnstation, durch die ungezählte Züge in den Krieg nach Rußland rollten und an der Fronturlauber auf dem langen Weg nach Hause Halt machten. Viele der Soldaten, die nach dem eiskalten russischen Winter 1941 auf Heimaturlaub fahren durften, wurden 1942 mit der "Ostmedaille" ausgezeichnet, die sie spöttisch "Gefrierfleischorden" nannten. Hitler, dessen bis an den Moskauer Stadtrand vorgestürmte Armeen Stalin angeblich nur durch seinen "General Winter" hatte aufhalten können, stiftete am 26. Mai 1942 als "Führer und Oberbefehlshaber der Wehrmacht" die Medaille "Winterschlacht im Osten 1941/42" als "Auszeichnung für Bewährung im Kampf gegen den bolschewistischen Feind und den russischen Winter". Der Orden zeigte unter einem stilisierten Stahlhelm den Reichsadler mit Hakenkreuz und wurde im Knopfloch an einem dreifarbigen Band getragen: "Rot wie Blut, weiß wie Schnee und schwarz wie die Trauer um die Gefallenen." Heute wird er neben anderen deutschen und sowjetischen Kriegsorden auf "Flohmärkten" feilgeboten. Der Ruhm ist vergänglich wie der Dank der Vaterländer.

Der "Gefrierfleischorden" ist vermutlich die einzige militärische Auszeichnung, die nicht für irgendwelche Heldentaten, sondern für das befehlsgemäße Ausharren von Soldaten auf ihrem Posten in arktischer Eiseskälte, selbst mit erfrorenen Gliedmaßen, verliehen worden ist: Ein Jahr vor der vernichtenden Winterschlacht um Stalingrad, jedoch zur gleichen Zeit, als nach der "Wannsee-

Konferenz" im Winter 1942 die Deportationszüge mit jüdischen Frauen, Kindern und Männern zur angeblichen "Umsiedlung" gen Osten rollten. Mancher Fronturlauberzug ist solcher Menschen-Frachtzüge wegen auf kleinen Bahnstationen angehalten oder umgeleitet worden - inzwischen ist dokumentiert, was nicht wenige Soldaten gesehen und daheim, ganz vertraulich, erzählt haben.

Für den ersehnten Eisenbahnzug in die Heimat benötigten die Fronturlauber keine Medaillen, sondern eine "Platzmarke". Die vergab auf dem Bahnhof Baranowicze der "Schreibstuben-Hengst" Hauptfeldwebel Hugo Armann. Er hatte hier eine Schlüsselstellung, und er nutzte sie zum Guten.

Jeder brauchte eine solche Platzmarke, ob Soldat der Wehrmacht, Angehöriger der Waffen-SS oder Beamter deutscher Behörden im besetzten Land. Der Hauptfeldwebel Hugo Armann war in Baranowicze ein gefragter Mann. Alle wollten eine Platzmarke - nicht zuletzt Angehörige des gefürchteten Sicherheitsdienstes (SD) der SS, der in Baranowicze - wie anderswo - zur "Juden-Überwachung" eingesetzt war. Dazu gehörte die Einweisung der jüdischen Bevölkerung in Ghettos, die der Vernichtung vorausging.

"Auch SD-Angehörige bettelten bei mir um Urlauber-Platzmarken. Diesen Vorteil nutzte ich gut, um sie zu bestechen, damit ich armseligen Menschen helfen konnte," erinnerte sich Hugo Armann anläßlich seiner Ehrung als "Gerechter der Völker" 1986.

Auch andere erinnerten sich - Sarah Shatzki zum Beispiel.

Sie gehörte damals zu den armseligsten Menschen in Baranowicze, den Juden, war dort geboren und 16 Jahre alt, als ihre Heimat 1939 infolge des Stalin-Hitler-Paktes von den Sowjets besetzt wurde. Als zwei Jahre später nach dem deutschen Angriff auf die Sowjetunion hinter den Panzerdivisionen des Generals Guderian die Menschenjäger Himmlers kamen, wurden auch die Juden von Baranowicze in ein Ghetto gesperrt. Auch Sarah. Das war die "1. Judenaktion" in Baranowicze.

Fast täglich machten neben vielen anderen Zügen solche für Heimat-Urlauber in Baranowicze Station. Hauptfeldwebel Armann nutzte seine Verfügungsgewalt über die "Platzmarken". Für ein paar gute Sitzplätze im überfüllten Zug nach Hause, genehmigte der SD dem Mann in der Schreibstube die Beschäftigung jüdischer Hilfskräfte aus dem Ghetto.

Sarah war dabei. Sie erinnert sich: "Ich arbeitete als Haus- und Küchenhilfe für eine Gruppe von deutschen Soldaten, die der Dienststelle für Urlaubskontrolle angehörte. Der Hauptmann dieser Gruppe war ein deutscher Soldat namens Hugo Armann. Er war ein sehr nobler, außergewöhnlich guter Mann, der sich um die jüdischen Leute, die für ihn arbeiteten, kümmerte und ihnen half."

Hauptfeldebel Armann erfuhr bald, was mit den Menschen im Ghetto und denen, die wie Sarah und andere draußen arbeiten durften, geplant war. Er ging in die vom SD bewachten Gewerbebetriebe mit den jüdischen Zwangsarbeitern - Tischlerei, Schneiderei und Kfz-Werkstatt -, besorgte Lebensmittel und nutzte seine Beziehungen, um Hilfs- und Fluchtmöglichkeiten vorzubereiten. Dr. S. Sternfeld, ein Geretteter aus dem Ghetto von Baranowicze erinnerte sich:

"Der größte Teil der Jüngeren verließ jeden Tag das Ghetto, um bei den Deutschen zu arbeiten. Die gaben ihnen nur zu essen, aber Hugo Armann gab diesen Arbeitern Gelegenheit zu Kontakten außerhalb des Ghettos mit Polen und Russen." Man tauschte Kleidung, Nahrung und Lebensmittel-Karten und damit auch manche Identität. Es war Hilfe zum Überleben, es waren Vorbereitungen zur Flucht.
Die "2. Juden-Aktion" in Baranowicze im September 1942 dauerte eine ganze Woche. Die Menschen wurden zusammengetrieben und draußen vor der Stadt ermordet. Endlösung!

Die jüdischen Arbeitskräfte der Dienststelle für Urlaubs-Überwachung überlebten. "Hugo Armann rettete uns alle", berichtet viele Jahre später Sarah Shatzki. "Er brachte es fertig, jene, die für ihn arbeiteten, dem Zugriff der Selektionspolizei zu entziehen."

Sarah blieb von Hauptfeldwebel Armann versteckt bis kurz vor der vierten Kriegsweihnacht - dann kam das Ende. Dr. Sternfeld: "Damals waren wir noch 3000 Leute - Mitte Dezember 1942 wurde unser Ghetto liquidiert." Von nun war ein Leben für Juden in Baranowicze unmöglich. "Da habe ich mich entschlossen, in die Wälder zu gehen und auch dabei hat mir Hugo Armann durch seine Verbindungen und durch polnische Freunde geholfen..."(Sarah Shatzki).

****

Am 3. Dezember 1986 wurde Hugo Armann vom israelischen Botschafter Ben-Ari in Bonn mit der Medaille "Gerechte der Völker" ausgezeichnet - 44 Jahre, nachdem Front-Urlauber im ostpolnischen Baranowicze Platzmarken für ihren Zug nach Hause bekamen, ohne zu ahnen, daß der diensthabende Hauptfeldwebel seine Schreibstube zu einer Rettungsstation für Todgeweihte gemacht hatte.

# Mit dem Zirkus durch Hitlers Reich

"Wir Zirkusleute kennen keine Unterschiede zwischen Rassen und Religionen."

Adolf Althoff, Senior-Chef des traditionsreichen deutschen Zirkusunternehmens, als er im Februar 1995 mit seiner Frau Maria die Medaille und Ehren-Urkunde als "Gerechte der Völker" im Weißen Saal des Rathauses der Kaiserstadt Aachen empfangen hatte.

***

Winter 1996. Grellrote Plakate an Mauern und Brückenpfeilern rund um Köln: "Zirkus Franz Althoff präsentiert den Moskauer Staatszirkus." Kinder und Erwachsene strömen in die Nachmittagsvorstellung. Trompetentöne und Pferdegewieher, Dompteure knallen mit Peitschen, Jongleure und Clowns plaudern zwischen Wagenpark und Rundzelt. 2300 Plätze vom Parkett bis zum Rang. Zirkusatmosphäre mit Artisten aus Rußland, Deutschland und anderen Staaten zwischen amerikanischen Wohnmobilen. Winter 1996 am Rhein.

Der Blick aus dem Wohnwagen von Maria und Adolf Althoff, den Senioren des Unternehmens, geht über den Strom auf den Dom und umfängt 2000 Jahre Geschichte der Stadt Colonia, in der Museumsfreunde "Mit dem Fahrstuhl in die Römerzeit" reisen. Dem Zirkusfreund fällt im Wohnwagen der Althoffs "Katharina Knie" ein, Carl Zuckmayers Theaterstück aus der Welt der Artisten.Der rheinische Autor, dessen "Hauptmann von Köpenick" altpreußischen Militarismus und Untertanengeist unnachahmlich persifliert, schrieb in der amerikanischen Emigration ein Bühnenstück, das nach 1945 einer ganzen Generation Unsinn und Ungeist der NS-Lehre von der Rassenreinheit offenbarte, die für Zirkusleute wie die Althoffs nie akzeptabel war, jedoch Abermillionen infiziert hatte. Es war das

Schauspiel "Des Teufels General" aus der Feder eines jüdischen Schriftstellers, der als Freiwilliger des Ersten Weltkrieges mit EK I und II und der Tapferkeitsmedaille ausgezeichnet worden war und sein Vaterland verlassen mußte, als in Deutschland seine Werke mit vielen anderen Büchern auf den Scheiterhaufen geworfen wurden.
"Des Teufels General" ist die Geschichte eines erfolgreichen Weltkrieg-I-Fliegers, der sich dem Teufel Hitler verdingt - ein Soldat, der endlich wieder Flieger sein kann. "General Harras" ist der Typ des Haudegens und das Gegenteil des angeblich typischen Nazigenerals. Als sich bei ihm ein junger Flieger mit dem Verlangen meldet, aus der Offizierslaufbahn als "unwürdig" entlassen zu werden, weil er eine jüdische Großmutter hatte, stellt der General ihm die einfache Frage nach seinem Geburtsort: Wie Carl Zuckmayer, wie das alte Zirkusehepaar der Althoffs im Wohnwagen am Rande von Köln, stammt der junge deutsche Offizier aus dem Rheinland. Ihm sagt sein General:
"Stellen Sie sich mal Ihre Ahnenreihe vor ... da war ein römischer Feldhauptmann, ein schwarzer Kerl, braun wie 'ne reife Olive, der hat einem blonden Mädchen Latein beigebracht. Und dann kam ein jüdischer Gewürzhändler in die Familie - der ist noch vor der Heirat Christ geworden und hat die katholische Haustradition begründet. Und dann kam ein griechischer Arzt dazu, oder ein keltischer Legionär, ein Graubündner Landsknecht, ein schwedischer Reiter, ein Soldat Napoleons, ein desertierter Kosak, ein Schwarzwälder Flözer, ein wandernder Müllersbursch vom Elsaß, ein dicker Schiffer aus Holland, ein Pandur, ein Offizier aus Wien, ein französischer Schauspieler, ein böhmischer Musikant - und das alles hat am Rhein gelebt, gerauft, gesoffen und gesungen und Kinder gezeugt. Und der Goethe, der kam aus dem gleichen Topf, und der Beethoven, und der Gutenberg, und der Mathias Grünewald und, und, und ..." sagt der General des Teufels dem jungen Offizier: Es waren die Besten der Welt. Warum? Weil sich die Völker dort vermischt haben.
Wie sollte da eine jüdische Großmutter einem deutschen Offizier vom Rhein Schande machen?
Die Mischung macht den Menschen aus, das war die Botschaft Zuckmayers gegen den Rassismus. Die Theater waren überfüllt, als

berühmte Schauspieler wie Paul Dahlke den General Harras auf die Bühne und Curd Jürgens auf die Leinwand brachten - damals in den Jahren nach dem Krieg. Vielen einer mißbrauchten Generation wurden die Augen geöffnet durch den Bühnenautor Zuckmayer, der jenseits des Atlantiks kein pauschalierendes Manifest gegen das Reich unterschrieben hatte, weil er "nichts gemein mit einer generellen Diskriminierung des deutschen Volkes" habe. Ihm erschienen moralische Gesamturteile über ein Volk oder eine "Rasse" wirklichkeitsfremd und wahrheitsfern - eine Haltung, die dem heimgekehrten Schriftsteller nach dem Kriege weder vor- noch zugutegehalten worden ist.
Maria Althoff, die 88jährige Grande Dame des Zirkus, stellt, mit leicht anklingendem rheinischem Tonfall, eine einfache Frage: "Warum das lange Schweigen?" Warum wird erst jetzt von den Deutschen geredet, die damals anständig geblieben sind? Beim Kaffee im behäbig-gemütlichen Wohnwagen sträubt sie sich noch nachträglich gegen den Rummel der Journalisten und Fernsehleute bei der Ehrung in Aachen, der Stadt Karls des Großen. Dabei weiß sie ansonsten sehr gut, mit der Presse umzugehen.

Maria Althoff ist Anfang der Siebziger Jahre mit ihrer ganzen Familie samt Enkelkind durch Israel gereist ("die waren da alle sehr lieb zu uns!") und hat mit ihrem Mann bewegten Herzens die "Allee der Gerechten" abgeschritten, wo kein Baum für sie gepflanzt war. Die Althoffs haben haben nie "über die Zeit damals" gesprochen. Aber warum dauerte das Schweigen ein halbes Jahrhundert? Der Interviewer bemüht sich bei den Althoffs um eine rückblickende Antwort, denkt an Wolfgang Staudtes vergessene Filme "Die Mörder sind unter uns" (1946) und "Rosen für den Staatsanwalt" (1959), an die Jahre der Verdrängung, als die Täter schwiegen und von den Opfern kaum gesprochen wurde; da waren die wenigen Retter erst gar nicht gefragt. Und die Althoffs waren, wie damals und jetzt, Zirkusleute auf Tournee. Daß sie ein Ruhmesblatt deutscher Zirkusgeschichte gefüllt haben - wen interessierte das schon?

"Zirkusleute fragen nicht, bist Du Christ, Jude oder Heide," wirft der Seniorchef ein. Die erfolgreichste Dressur im Leben des Adolf Althoff war die Nummer: "Sibirischer Tiger reitet auf einem Pinzgauer Hengst." Damit ist er vor dem Kriege durch Europa gezogen, selbst in Kiew hat das Publikum den Atem angehalten. Jetzt hat sein Sohn Franz ein eigenes Programm mit Artisten des "Moskauer Staatszirkus" arrangiert, nachdem er fünf Jahre mit "Barnum & Ringley" durch die Vereinigten Staaten gereist war. Die Alten waren über ein Jahr lang mit auf der Amerika-Tournee; ihre Ahnen stammten aus Altenhof zwischen Köln und Aachen. Die Althoffs sind Zirkusleute seit 300 Jahren. Noch heute ist in dieser Gegend der Stammsitz des Unternehmens.

Adolf Althoff entspricht mit keiner Geste oder Miene dem Klischee vom "Zirkusdirektor". Aufrecht und ungebeugt geht der Mittachtziger um das große Zelt und durch den Wagenpark, respektvoll, nie devot gegrüßt von Artisten und Hilfskräften. Er ist ein Mann von natürlicher Autorität und klarem Verstand, obendrein ein lebender Zirkusalmanach. Als von der jüdischen Zirkusfamilie Lorch die Rede ist, die die Althoffs drei Jahre vor der Gestapo bewahrten, erinnert er an deren Freund Mohammed, der nun als 70jähriger in Agadir lebt - "er schreibt mir manchmal" - und im Kriege noch ein kleiner Junge war; "Obermann" der Arabertruppe, die mit neun Mann ihre "Lebende Pyramide" baute und das Publikum zu Beifallsstürmen hinriß.

Zirkus-Publikum im Krieg? Da gab es Sondervorstellungen für verwundete Frontsoldaten; junge Wehrpflichtige und Freiwillige, Feldwebel und Offiziere mit einem Bein oder einem Arm, Soldaten aller Waffengattungen mit verbundenem Kopf oder verbrannten Händen in Gips. Der Zirkus von Adolf und Maria Althoff zog Kriegsjahr um Kriegsjahr durch Hitlers Großdeutschland, bis zu 125 Stationen in einer Saison. Zwei halbjüdische Mädchen und ihre jüdische Mutter waren mit auf Tournee, lebten im Zirkus am Rande der großen und kleinen Städte, in denen die Geheime Staatspolizei (Gestapo) auf Judenjagd war.

Die Araber waren vor 1938 zum Zirkus Althoff gekommen; danach durften Ausländer nicht mehr engagiert werden, erzählt Althoff; allenfalls mit Sonder-Genehmigung. Die hätte er nie bekommen, als sich 1942 beim Gastspiel in Darmstadt die 19jährige Irene Danner meldete, um bei den Althoffs im Zirkus zu bleiben. Irene war die Tochter von Alice Lorch (verheiratet mit dem "Arier" Hans Danner), entstammte der jüdischen Artistenfamilie Lorch, die seit Generationen ihren Stammsitz im nahen Eschollbrücken hatte. Ihren Großvater Julius Lorch kannten die Zirkusfreunde halb Europas. Im Kaiserreich feierte man ihn als den "König der Ikarier" - ein Artist, der durch die Lüfte flog; oft genug Anlaß für Gymnasiasten und Lehrer, die griechische Sagengestalt des Ikarus auferstehen zu lassen. Ein deutscher Jude war's, der den Geist der Antike aus der Zirkuskuppel in die Schule holte.

Waren Irenes Eltern mit dem Zirkus Lorch auf Tournee, besuchten sie und ihre Schwester Gerda die höhere Schule. Auf eine vielseitige, körperliche und musische Ausbildung der Mädchen legte vor allem Großmutter Sessy Lorch großen Wert. Irene war talentiert und erhielt sogar vom Reichsjugendführer Baldur von Schirach als hervorragende Turnerin eine Ehrenurkunde. Das war, als es der NS-Staat noch nicht wagte, halbjüdische Kinder auszuschließen. Bald aber durften Irene und Gerda die Ballettschule nicht mehr besuchen, und ihr Geigenlehrer bekam Hausverbot. Ein Onkel mußte Deutschland verlassen, nachdem die Großmutter ihn 1938 für 2000 Reichsmark aus dem KZ Dachau freigekauft hatte.
Die Althoffs wußten von all dem, als Irene 1942 beim Gastspiel in Darmstadt vor ihnen stand. "Es war für uns überhaupt keine Frage, daß sie bleiben konnte." Nach Irene, der bei Kriegsbeginn jede Artisten-Arbeit verboten worden war, folgte die "volljüdische" Mutter mit der jüngeren Tochter Gerda, nachdem das Stammhaus der Lorchs enteignet und Großmutter Sessy Lorch und Onkel Eugen Lorch deportiert worden waren. Zwei Monate später wurde der Familie die Asche der Großmutter für 2000 Mark angeboten. Auch Eugen Lorch überlebte Auschwitz nicht. Irene berichtete den Althoffs von der Deportation ihrer geliebten Oma.

Irene und Gerda blieben mit ihrer Mutter beim Zirkus Althoff, der vermutlich zum ersten Mal in seiner 300jährigen Geschichte zur Asylstätte für an Leib und Leben gefährdete Zirkusleute geworden war. "Es gab vor dem Kriege auch andere jüdische Zirkusunternehmen", erinnert sich Althoff. "Da waren die Straßburger und die Blumenfelds, in ganz Deutschland bekannte Zirkus- und Artistenfamilien." Etwa 1930 hatte ein Blumenfeld eine Tante von Maria Althoff geheiratet. "Bei uns fragt man nicht danach" wiederholt ihr Mann seine feste Überzeugung von selbstverständlicher Toleranz unter der Zirkuskuppel. Wo die Straßburger und die Blumenfelds und die anderen geblieben sind? Die bekanntesten Unternehmen waren nach Beginn der Judenverfolgungen ins Ausland, nach Holland oder Frankreich, gegangen, doch was letztlich aus ihnen geworden ist, wissen auch die Althoffs nicht.
Der Zirkus reiste mit 80 bis 90 Leuten, darunter etwa 60 Artisten, trotz des an allen Fronten wütenden Krieges durch Großdeutschland, die Jüdin Alice Danner mit ihren Töchtern Irene und Gerda immer dabei. Eines Tages meldete sich Hans Danner, der aus Rommels Afrikakorps auf "Heimaturlaub" geschickt worden war, um sich von seiner jüdischen Frau scheiden zu lassen. Das tat er nicht; er blieb bei seiner Frau, verzichtete auf jede Artistenrolle, verrichtete Hilfsarbeiten im Zirkus und ließ den "Wüstenfuchs" ohne den Soldaten Hans Danner in der lybischen Wüste singen: "Panzer rollen in Afrika vor ..."

Bei den Althoffs waren nun vier unangemeldete Personen, eine ganze Familie. Gab es keine Kontrollen? Der alte Herr im Wohnwagen antwortet schnell und überzeugend: "Fast an jedem Ort, an dem wir gastierten, meldete sich die Gestapo. Dann klopfte ich drei Mal an ein Wagenfenster und sagte: Geht angeln! Das war das Stichwort, auf das sie zu verschwinden hatten." Unter Geräten oder hinter Kulissen, in Wagenschränken oder Kabelkästen. Damals hatten die Althoffs für sich selbst einen Acht-Meter-Wagen mit drei Kabinen, getrennt durch Tapetentüren. "Wenn ich die Polizei vorne im Wagen hatte, verschwanden Alice, Gerda oder Irene nach hinten." Man habe nur ruhig Blut bewahren müssen, meint der alte Zirkus-Chef.

Eine Sonderrolle allerdings hatte ein Zirkus damals: Die Tourneen aller Zirkusunternehmen wurden von der "NS-Fachschaft" in Berlin vor jeder Saison festgelegt. So war den obersten Behörden bekannt, wo sich jeder Zirkus jeweils aufhielt. Das machte die polizeiliche Anmeldung aller Personen vor Ort nicht zwingend. "Manchmal blieben wir nur drei Tage - dann ging es weiter, ehe wir unliebsamen Besuch bekamen." Adolf Althoff lächelt, wenn er daran denkt. Dreimal erfuhr er durch Freunde vom drohenden Gestellungsbefehl für seine Einberufung zur Wehrmacht - jedesmal war er mit seinem Zirkus schon weitergezogen, wenn der Postbote kam. Auch bei dieser Erzählung lächelt er.

Und es gab keine Verräter, keine Nazis unterm Zeltdach? Im Zirkus gab es einen "NS-Betriebsobmann"; der war obligatorisch für Unternehmen als angeblicher Vertrauensmann der "Betriebsgemeinschaft" nach dem Verbot der Gewerkschaften. Der "Betriebsobmann" bei den Althoffs war ein Artist, genauer ein Illusionist, also ein Zauberkünstler. "Und er war mein Freund, offiziell per Sie, unter uns per Du." So Adolf Althoff.

Noch heute kann der alte Zirkusmann sich begeistern, wenn er von dem Zauberer spricht, der mit seiner Partnerin als "Franz & Fränzi" auftrat. "Das war ihre stärkste Nummer: Fränzi wurde in eine große Flasche gesteckt, Korken drauf und unter einem schwarzen Tuch versteckt. Simsalabim - weg mit dem Tuch, die Frau stand neben der Flasche und der Korken war noch drin. Großes Staunen - großer Beifall." Das war der Trick des angeblichen Vertrauensmannes der Nazis in einem Zirkus, der das Kunststück - oder besser Zauberstück? - fertigbrachte, mit einer von der Gestapo gesuchten Jüdin, deren Töchtern und Mann durch Hitlers Reich zu fahren. Keiner hat sie je verraten.

Stark geschminkt, trat Irene als "Italienerin" mit Maria Althoff in der Elefanten-Nummer auf, ließ sich mit dem Rüssel hochhieven und zeigte Kindern und Müttern, Fronturlaubern und Genesenden, wie lieb ein Elefant sein kann, wenn eine hübsche Artistin ihm die dicke

Haut kratzt und auf seinem Rücken turnt. Nach dem Tusch, das große Gelächter, wenn "Die drei Bentos" in die Manege kamen. Das war eine belgische Clowns-Truppe, die 1940, als Holland, Belgien und Frankreich besetzt wurden, bei den Althoffs Unterschlupf gefunden hatte. "Die drei Bentos" - das waren Vater und Söhne, Spaßmacher und Akrobaten der Sonderklasse - sie ließen das Publikum ein paar Minuten lang den Krieg vergessen. Selbst wenn der Zirkus abends wegen der Luftalarme verdunkelt werden mußte.

Peter Storms, einer der drei Bentos, und Irene wurden im Zirkus ein Paar. Es war eine verbotene Liebe im Zirkuswagen. Zwei Kinder bekam Irene in den Jahren der Illegalität, zweifellos unter außergewöhnlichen Umständen. Heiraten konnten Peter und Irene erst im Dezember 1945, als alles vorbei war.

Fast 50 Jahre später, als die Althoffs 1994 in Stuttgart den "Ehrenpreis der Zirkusfreunde" erhielten, erschien Peter Bento-Storms zur feierlichen Preisübergabe in seinem Clowns-Kostüm und sagte: "Damals wären alle füreinander durchs Feuer gegangen." Irene Bento-Storms, deren jüdischer Großvater Julius Lorch "König der Ikarier" genannt wurde, lebt mit ihrem Mann Peter wieder am einstigen Stammsitz der Lorchs in Eschollbrücken, gleich hinter dem Darmstädter Autobahnkreuz und unweit des Platzes, wo sie 1942 die Althoffs beim Gastsspiel um Asyl gebeten hatte. Wie Adolf und Maria Althoff, blieben Irene und Peter Bento-Storms dem Zirkus treu. Sie haben fünf Enkelkinder, von denen einige in ihrem eigenem Zirkus mitarbeiten, der von März bis Oktober jeweils sechs Tage in einer anderen süddeutschen Stadt gastiert; vor 700 Plätzen mit einem "Programm für Kinder". Weil Kinder noch über Zauberer und Clowns staunen und lachen können.

****

Israels Botschafter Avi Primor erinnerte im Februar 1995 anläßlich der Auszeichnung von Maria und Adolf Althoff im Aachener Rathaus als "Gerechte der Völker" daran, daß erst durch den Film "Der Clown und die Kunstreiterin" die Tat der Althoffs ins Blickfeld der

Öffentlichkeit gerückt wurde. Peter Bento-Storms sagte: "Adolf Althoff, der sich stets weigerte, in die Partei einzutreten, riskierte mehrmals, festgenommen oder erschossen zu werden. Ohne ihn und seine Frau hätten wir nicht überlebt." Der Ministerpräsident von Nordrhein-Westfalen, Johannes Rau, zeichnete die Althoffs im März 1995 mit dem Verdienstorden ihres Heimatlandes aus. Die Ehrungen des deutschen Zirkus-Ehepaares erfolgten zwar spät, aber nicht zu spät.

# Die Vikarin, der Kardinal und der Dekan ...

Dieses Kapitel ist einem Pfarrers-Ehepaar aus dem Württembergischen gewidmet: Dem Dekan Dr. Otto Mörike und seiner Frau Gertrud. Sie waren unter den ersten 100 Deutschen, die als "Gerechte der Völker" ausgezeichnet wurden. Die Mörikes zählten sich zum "Bruderring", einem Kreis aufrechter evangelischer Pfarrer, der Verfolgten des NS-Regimes half und untergetauchte Juden versteckte, von Pfarrhaus zu Pfarrhaus weiterreichte und rettete. Um das Risiko der Handlungsweise solcher Pfarrer heute richtig einordnen zu können, sei ein Blick auf das kirchliche Umfeld getan, in dem diese Christen damals handelten.

Eine Tagesmeldung aus den "Geheimberichten des Sicherheitsdienstes der SS":
"Die Polizeiverordnung ... vom 1. September 1941, die den Juden verbietet, sich in der Öffentlichkeit ohne den sichtbar auf der linken Brustseite des äußeren Kleidungsstückes zu tragenden Judenstern zu zeigen, hat nicht nur in den größeren Städten hinsichtlich der großen Zahl der Juden in der Bevölkerung Überraschung ausgelöst, sondern auch das Kirchenvolk auf die zahlreichen getauften Juden, die sich unter den Besuchern der Sonntagsgottesdienste befinden, aufmerksam gemacht."

So hätten "verschiedene Kirchenbesucher (von) ... ihren Ortsgeistlichen ... verlangt, daß die Juden nicht mehr die gemeinsamen Gottesdienste besuchen dürften und man von ihnen nicht verlangen könne, daß sie neben einem Juden die Kommunion empfangen sollen."

Angeblich, so der SD-Geheimbericht, tauchte "in katholischen Gemeinden der größeren Städte der Plan auf, die jüdischen Katholiken zu einer Judenchristengemeinde mit eigenem Gottesdienst zusammenzufassen, um jede Belästigung der übrigen Katholiken zu vermeiden."

Die Kirchen waren vor die Frage gestellt: Was tun mit "getauften Nichtarieren" im Gotteshaus? Schon 1812 waren im protestantischen Königreich Preußen per Toleranzedikt die "jüdischen Glaubensgenossen" zu "Einländern" (also keine "Ausländer") mit allen Rechten erklärt worden. Dennoch ließen sich im 19. Jahrhundert viele deutsche Juden taufen in der Hoffnung, so ihre Emanzipation zu beschleunigen. Heinrich Heine nannte die Taufe "entrée-billett" in die deutsche Gesellschaft. Hundert Jahre nach Heine mußten auch vor Generationen getaufte "Christen-Juden" den gelben Stern tragen und nicht nur solche, die erst nach 1933 aus Angst vor Hitler getauft geworden waren. In der "Hoffnungs-Kirche" von Berlin-Pankow zum Beispiel hatte der Bekenntnis-Pfarrer Siegfried Blum 1936/37 viele Juden heimlich getauft und andere bei Beginn der Deportationen in seinem Pfarrhaus in der Elsa-Brandström-Straße versteckt. Bis die Gestapo dem ein Ende machte. Pfarrer Blum wurde versetzt - ein "Gerechter" im Abseits.

Kardinal Bertram, der Vorsitzende der Fuldaer Bischofskonferenz, reagierte auf die Anordnung zum Tragen des gelben Sterns mit einem internen Rundschreiben am 17. September 1941: "Zu vermeiden sind übereilte Anweisungen, die für jüdische Katholiken als verletzend angesehen werden können, z.B. die Einführung besonderer Judenbänke, Trennung bei Spendung der Heiligen Sakramente, Einführung von Sondergottesdiensten. Die Anordnung einer Absonderung der Nichtarier ist gegen die christliche Liebe ... " Man werde abwarten, ob es zu Störungen (beim Gottesdienst) kommen werde.

Eine Stadtvikarin im schlesischen Breslau wartete nicht. Sie verfaßte ein Flugblatt, das - laut SD-Geheimbericht - in verschiedenen Teilen des Reiches verbreitet wurde. Darin gab sie eindeutige Empfehlungen und stellte ohne Umschweife fest, daß "die (mit dem Judenstern) gekennzeichneten Gemeindeglieder das gleiche Heimatrecht in der Kirche haben wie die anderen Gemeindeglieder und des Trostes aus Gottes Wort besonders bedürfen." Und weiter im Text: "Was ihr einem von diesen meiner geringsten Brüder getan habt, das habt ihr mir getan." (Matth. 25,40).

Es ist dem Autor dieses Buches nicht bekannt, was aus der mutigen Stadtvikarin geworden ist. Der SD-Bericht registriert nur, daß sich das Konsistorium der evangelischen Kirchenprovinz Schlesien von dem Flugblatt distanzierte.

*Unter schwäbischen Dächern ...*

Der Dekan Mörike und der "Bruderring" der schwäbischen Pfarrer, von dem hier die Rede sein soll, machten keinen Unterschied zwischen ungetauften und getauften Juden, Ariern und Nichtariern. Sie sahen Verfolgte und handelten nach ihrer Christenpflicht.

Die Lebensmaxime des Pfarrers Otto Mörike lautete: "Man muß Gott mehr gehorchen als den Menschen." Das entspricht dem strengjüdischen Glauben, wonach Gott der menschlichen, d.h. staatlichen Ordnung übergeordnet ist.

Pfarrer Mörike entstammte jener weitverzweigten schwäbischen Familie, deren Name im vorigen Jahrhundert durch Eduard Mörike, dem Dichter der Romantik, über den deutschen Sprachraum hinaus bekannt wurde. 1897 als Pfarrerssohn auf der kargen schwäbischen Alb geboren, wurde Otto Mörike als Offizier des Ersten Weltkrieges ausgezeichnet, heiratete die Pfarrerstochter Gertrud Löcher, wurde 1938 Pfarrer in Kirchheim/Teck und verfaßte dort eine Denkschrift gegen das NS-Regime. Schon 1936 hatte er "gotteslästerliche Reden" von Hitler und Goebbels attackiert, erhielt Unterrichtsverbot und kam zweimal "in Schutzhaft". Die Gauleitung der NSDAP notierte im Juli 1939, zwei Monate vor Kriegsbeginn: "Bekenntnispfarrer. Verbissener Gegner des Nationalsozialismus. Guter Redner. Versteht es, seine Anhänger zu begeistern."

Pfarrer Mörike, als "wehruntüchtig" eingestuft, wurde aufs Land, in ein Dorf namens Flacht im Landkreis Böblingen versetzt, von wo er, kriegsbedingt, bald drei Gemeinden zu betreuen hatte. Das besorgte er mit einem kleinen Motorrad, so daß er viele Kontakte knüpfen und nutzen konnte. Im Pfarrhaus wurden "Päckle für Dachau" gepackt, an inhaftierte Pfarrer im KZ, um deren Frauen sich Gertrud Mörike aufopfernd kümmerte. Soweit die Vorgeschichte, kurzgefaßt.

Mit dem Motorrad von Dorf zu Dorf aktivierte Otto Mörike mitten im Krieg, während die Deportationszüge entsprechend dem geheimen "Fahrplan 2" der Reichsbahn durch Europa rollten, mit dem befreundeten Pfarrer Theodor Dipper den "Bruderring". Dem gehörten mehrere Pfarrersfamilien an, die abwechselnd untergetauchte Juden aufnahmen.
Diese Pfarrer gehörten zur "Bekennenden Kirche", als deren Begründer der Schweizer Theologe Karl Barth (1886/1968) gilt. Er hatte seit 1921 an den deutschen Universitäten Göttingen, Münster und Bonn als Professor für reformierte Theologie gelehrt. In ganz Europa wurde er weit über kirchliche Kreise hinaus bekannt, als er sich nach der feierlichen Inthronisation Hitlers zum Reichskanzler in der Potsdamer Garnisonskirche durch den greisen Reichspräsidenten, Feldmarschall von Hindenburg, gegen die nationalistische Bewegung der "Deutschen Christen" wandte. Darin hatten sich rechte lutherische Prediger und andere Protestanten zum teuflischen Versuch einer Symbiose von Kreuz und Hakenkreuz zusammengeschlossen, den "Führer des neuen Deutschland" gegen den Kaiser eintauschend, dem sie sich im alldeutschen Geist von "Thron und Altar" über die erste deutsche Republik hinweg mehr als ihrem Gott verpflichtet gefühlt hatten. Der angesehene Universitäts-Professor Barth verurteilte die Vermischung von Christentum, Nationalismus und Rassendünkel als Irrlehre. (Schriftenreihe "Theologische Existenz heute").

Die für jeden Christenmenschen in Deutschland unmißverständliche Abgrenzung zu den braunen "Deutschen Christen" im Talar war schließlich durch die Veröffentlichung einer "Barmer Erklärung" vor allem sein Werk. Da er sich 1934 weigerte, als Hochschullehrer den Eid auf Hitler zu leisten, wurde er seines Amtes enthoben und 1935 aus Deutschland ausgewiesen. Die Verbindung zu aufrechten (und verfemten) evangelischen Christen der "Bekennenden Kirche" in Deutschland ließ er nicht abreißen.

Nach seiner Amtsenthebung hatte er das Ordinariat für Theologie an der Universität seiner Vaterstadt Basel übernommen. Von dort wurde mit der ganzen Autorität seines Namens in kirchlichen Kreisen Hitler-Deutschlands insgeheim die Devise in Umlauf gebracht, "soviele Juden wie möglich zu retten."

Angehörige der "Bekennenden Kirche" und ihr nahestehende Zirkel wie der im deutschen Südwesten illegal wirkende "Bruderring" taten es bis zur Selbstgefährdung. Das entsprach ihrer Überzeugung und folgte nicht zuletzt der von dem Theologen Karl Barth formulierten These von der "Menschlichkeit Gottes - Quelle und Norm aller Menschenrechte und Menschenwürde".

Wenige Tage vor der Kriegsweihnacht 1943 meldeten sich Max Krakauer und Karoline Krakauer bei Pfarrer Mörike und seiner Frau, die sie bis dahin nicht kannten. Max Krakauer war Leiter eines Filmverleihs in Leipzig. Am 29. Januar 1943 wurde das Ehepaar von einer (christlichen) Freundin gewarnt: "Die Gestapo ist da - machen Sie, daß Sie wegkommen." Fast elf Monate waren die Eheleute Krakauer quer durch Deutschland auf der Flucht vor der Gestapo, von Leipzig über Berlin nach Pommern und zurück nach Berlin; schließlich nach Stuttgart. In 66 Wohnungen bzw. Häusern fanden sie Unterkunft - bis sie am 19. Dezember bei Pfarrer Mörike vor der Tür standen. Die Mörikes hatten sechs Kinder und wenig Platz, aber sie nahmen die Asylsuchenden auf. Das ist heute leichter gesagt, als damals getan. Jeder mußte polizeilich gemeldet sein und jeder brauchte eine Lebensmittelkarte - für Juden, wo es sie noch gab, mit einem "J" gestempelt.

Ein Dorf ist ein Dorf, und wenn Fremde kommen, fragt man nach dem Woher und Wohin. Pfarrer Mörike und seine Frau Gertrud stellten ihren Nachbarn das jüdische Ehepaar als alte Bekannte vor, als "Bombenflüchtlinge" aus Berlin. Das war glaubhaft, hatte es doch in den letzten Nächten bei fünf schweren Luftangriffen auf Berlin über 2700 Tote und 250 000 Obdachlose gegeben.

Max Krakauer schrieb nach dem Kriege in seinem Buch "Lichter im Dunkeln" über Pfarrer Mörike: "Er war bei allen Ämtern der Gestapo eine bekannte Persönlichkeit, was ihn aber nicht hinderte, sich immer von neuem und pausenlos verfolgter Juden anzunehmen. Daß wir jetzt erst zu ihm kamen, lag nur daran, daß sein Haus in den letzten Monaten fortwährend solche Gäste beherbergte. Seine (antinazistische) Vergangenheit war natürlich in all seinen Gemeinden wohl bekannt, und gerade sie trug dazu bei, daß er außerordentlich geschätzt wurde. Wenn man auch vielleicht allenthalben nicht wußte, daß er verfolgte Juden bei sich aufnahm, so war es doch ein offenes Geheimnis, daß er für KZ-Häftlinge sorgte, und reichlich flossen die Gaben aus seinen Gemeinden."

Die Notlüge des Pfarrers Mörike über die "Bombenflüchtlinge" währte nur einen Monat. Dann mußten die Juden raus aus dem Dorf, mußten anderswo Obdach finden. Der "Bruderring" funktionierte. Die nächste Station für Max und Karoline Krakauer organisierte Mörikes Freund Pfarrer Dipper aus Reichenbach, der die Koordination der illegalen Organisation leitete. Er sprach mit dem ortsansässigen Unternehmer Robert Schöttle, einem ehemals linken Sozialdemokraten, der aus der Kirche ausgetreten war und eine kleine Fabrik für Staubsauger der Marke "Elektrostar" besaß. Er blieb Hitler-Gegner, auch nachdem seine Firma seit 1938 mit Rüstungsaufträgen mächtig Aufschwung genommen hatte. Das scherte ihn nicht. Er holte das jüdische Ehepaar mit einem Lastwagen ab, der mit "kriegswichtigen Waren" vollgepackt war. Zur Tarnung.

Max Krakauer über Robert Schöttle: "Der Fabrikant entschuldigte sich, daß er uns nicht aufforderte, in seinem Hause zu wohnen, aber besondere Umstände erlaubten das nicht. Er gab uns alles, was er bei sich hatte, Lebensmittelmarken, Proviant, Rauchwaren und Bonbons - er hätte uns auch gerne Kleidung und Schuhe gegeben - in diesem Mann repräsentierte sich eine ganz andere Welt als die, die wir in den Pfarrhäusern kennengelernt hatten ..."

Das Ehepaar Krakauer war 800 bange Tage in Deutschland unter-

wegs. Im Januar 1944 hatte es das Pfarrhaus Mörike verlassen - im Juni kam es wieder. Zwischendurch und bis zu dem Tag, als die Amerikaner kamen, war es meist in Pfarrfamilien des "Bruderrings" oder bei Mitgliedern der "Bekennenden Kirche" untergetaucht. Insgesamt 41 Mal mußte das verbotene Quartier gewechselt werden.
41 verschiedene Verstecke.
Es gab mehr Gerechte unter schwäbischen Dächern, als vermutet.

Der ehemalige Chefarzt der neuro-psychiatrischen Abteilung des jüdischen Krankenhauses in Berlin, Dr. Hermann O. Pineas, ebenfalls ein Geretteter, hat den "Bruderring" der Pfarrer später in New York so beschrieben: "... daß ihre Mitglieder eine Zahl untergetauchter deutscher Juden ohne polizeiliche Anmeldung als Besuch in ihre Pfarrhäuser aufnahmen, sie unentgeltlich beköstigten, sie mit Geld und durch Sammlungen aufgebrachten Lebensmitteln versorgte, ihnen bei der Beschaffung von Personalausweisen und illegalem Grenzübertritt behilflich waren."

In der Würdigung von Otto und Gertrud Mörike als "Gerechte der Völker" heißt es: "Sie taten es aus humanen und religiösen Motiven, getrieben von einem stark antinazistischen Gefühl."
1994 hat der Kreisjugendring Esslingen ein Freizeitheim "Otto-Mörike-Haus" getauft: Der Jugend als Vorbild für Zivilcourage und Menschlichkeit.

****

Nachtrag:

Niemand weiß, wieviele Juden durch den "Bruderring" in Württemberg gerettet wurden. Der Zeithistoriker Dr. Joachim Scherrieble vermerkt in einer Publikation (ejw-Verlag Stuttgart 1995), der wir wesentliche Einzelheiten dieses Kapitels verdanken, daß ihm Unterlagen über mindestens 13 jüdische Personen vorliegen, die auf ähnliche Weise wie das Ehepaar Krakauer gerettet wurden: Ella Friedemann ("Frau Braun") aus Berlin, Frau Klein aus Göppingen, Martha Manthey ("Herta Braun") aus Berlin, Gretel Mittelbach ("Frau Michel") aus Stuttgart, Dr. Hermann O. und Frau Herta Pineas (alias "Herr und Frau Dr. Günther") aus Berlin, Elisabeth Schmidt, Berlin, Frau Schulte (alias "Schulza-Bäbele") aus Schlesien, Frau Beate Steckhan geb. Hecht (alias "Frau Juckelring") und Rudi Vogel aus Berlin. Auch die halbjüdische Sekretärin des Berliner Bischofs Dibelius, Frau Senta Maria Klatt, die manche Kontakte untergetauchter Berliner Juden vermittelt hatte, war schließlich gefährdet und fand Unterschlupf im Württembergischen.

# Der Bauer und der Jude aus dem Odenwald

Der Odenwald ist ein Mittelgebirge zwischen Rheinebene, Main und Bergstraße, wo der Frühling in Deutschland zuerst Einzug hält. Im Odenwald liegt Michelstadt, ein vielbesuchter Luftkurort mit jahrhundertealten Fachwerkhäusern, einem Rathaus von 1484, einer spätgotischen Stadtkirche und einer Synagoge. Christen und Juden lebten hier lange miteinander. Die Pogromnacht vom 9. November 1938 überstand das kleine jüdische Gotteshaus, weil die Feuerwehr der engen Bebauung wegen die Nachbarhäuser nicht hätte schützen können. Soviel Rücksichtnahme war kein Zufall, sondern sie entsprach der Anordnung des SS-Sicherheitschefs Heydrich an alle Leiter der Geheimen Staatspolizei (Gestapo) in ganz Deutschland für die geplante Terrornacht.

Absatz A: "Es dürfen nur solche Maßnahmen getroffen werden, die keine Gefährdung deutschen Lebens oder Eigentums mit sich bringen (z. B. Synagogenbrände nur, wenn keine Brandgefahr für die Umgebung ist)."
Absatz B: "Geschäfte und Wohnungen von Juden dürfen nur zerstört, nicht geplündert werden." (Die Polizei wurde angewiesen, die Durchführung zu überwachen und Plünderer festzunehmen. Ferner durften ausländische Staatsangehörige "auch wenn sie Juden sind, nicht belästigt werden").

Ferdinand Strauß, um dessen Rettung es in diesem Kapitel geht, war ein junger deutscher Jude aus Michelstadt, wo die Feuerwehr die Synagoge schützte. Auch in Berlin blieb die große Synagoge stehen, während die jüdischen Gotteshäuser in vielen Städten wie Leipzig und Nürnberg nach der "Reichskristallnacht" abgerissen worden sind. Allein im Bezirk Bielefeld wurden nach dem offiziellen Gestapo-Bericht 37 Synagogen zerstört, davon 19 durch Feuer und 18 auf andere Weise. "Womit gleichzeitig der Gedanke an das einstmalige Vorhandensein von Juden in unserer Stadt ausgelöscht wurde." (Lippische Staatszeitung vom 27.10.1938)

Heute beherbergt die Michelstädter Synagoge das nach einem Rabbiner benannte "Dr. Lichtigfeld-Museum". Ein würdiger Ort für eine posthume Ehrung: Dort nahmen im Mai 1993 die Enkel der Bauern Heinrich und Maria List Urkunde und Medaille "Gerechte der Völker" für ihre Großeltern entgegen. Sie hatten im Winter 1941/42 Ferdinand Strauß, einen befreundeten Juden aus Michelstadt, versteckt. Der Mann konnte fliehen und überlebte - Bauer Heinrich List wurde im KZ Dachau ermordet. Seine Frau wurde von der Gestapo "verwarnt"; ihr Sohn blieb als Soldat in Rußland vermißt.

Die Tat der Bauern aus dem Odenwald wäre längst vergessen, hätten sich nicht in Michelstadt die Gymnasial-Lehrer Hans Winter, Werner König und Franz Bürkle auf heimatliche Spurensuche über die dunkle Zeit im Hitler-Reich begeben. Geschichtsunterricht vor der Haustüre, sozusagen. Ein Buch des Heimatforschers Martin Schmall hatte die Lehrer auf die ehrsamen Bauersleute Heinrich und Maria List aus dem 300-Seelen-Dorf Ernsbach aufmerksam gemacht. Dort wußte man zunächst wenig zu erzählen über jene Zeit, doch im Staatsarchiv Darmstadt fanden sie nach umfangreichen Nachforschungen Polizei- und Gestapo-Akten über das Bauern-Ehepaar List aus dem kleinen Dorf.

Ferdinand Strauß, der Sohn eines jüdischen Textilkaufmanns in Michelstadt, war nach der "Kristallnacht" zu einem Onkel nach Frankfurt am Main geflohen, wo er sich vorerst etwas sicherer wähnte. Im November 1941, als die Judenjagd immer schärfer wurde, kehrte er in den Odenwald zurück und bat bei den Bauern List in Ernsbach um Unterkunft. Das war für die Bäuerin keine Frage. Ferdinand Strauß konnte bleiben. Die Familien kannten sich seit vielen Jahren - die Schwester der Bäuerin war einst bei Strauß' "in Stellung", wie man landläufig sagte. Die Verbindungen waren nie abgerissen.
Als Heinrich List von der Feldarbeit kam, fand er den unerwarteten Besucher und Bekannten aus der Vorkriegszeit in seinem Hause vor. Er entschied wie seine Frau. Da gab es keine Zweifel und kein Zögern: Der Jude bleibt.

Ferdinand Strauß war auf dem Gehöft bis zum 16. März 1942. Ein Schicksalstag. Ein dem Bauern - als Ersatz für den eingezogenen Sohn - zugewiesener polnischer Fremdarbeiter hatte (so wurde behauptet) die Sache mit dem versteckten Juden im Dorf erzählt. Heinrich List wurde verhaftet. Ein Landpolizist in der Kreisstadt Erbach schrieb nach dem ersten Verhör als Aussage des Bauern ins Protokoll:

"Ich gebe zu, von Mitte November bis heute vor acht Tagen den Juden Ferdinand Strauß ... beherbergt zu haben. Der fragliche Jude kam Mitte November 1941 eines Morgens zu mir nach Ernsbach. Ich war an dem fraglichen Tage auf dem Felde beschäftigt. Meine Ehefrau war zu Hause und hat ihn angenommen. ... Ich fragte ihn, was er hier tun wolle. Er sagte mir, daß sein Onkel gestorben sei und seine Tante sich vergiftet habe. Er wolle einige Tage in Ernsbach bleiben."

Auf die Frage des Polizisten, warum er den Juden aufgenommen und verborgen habe, sagte der Bauer schlicht und einfach:
"Weil wir uns seit Kindheit gut kennen und er jetzt ganz alleine steht."
Nein, aus staatsfeindlichem Interesse habe er nicht gehandelt. "Nur weil wir uns sehr gut kannten und früher in guten Geschäftsverbindungen standen, packte mich das Mitleid, und ich beherbergte ihn."

Hatte der polnische Arbeiter den deutschen Bauern denunziert, weil der einen Juden versteckte? Für den vernehmenden Polizeibeamten war die Sache nicht einfach zu klären. Schließlich waren Polen wie Juden im Hitler-Staat amtlich "keine gleichberechtigten Rechtspersonen", und sie konnten schon gar nicht als Zeugen der Anklage gegen Deutsche in Anspruch genommen werden. Ehe der Judenstern 1941 obligatorisch wurde, waren die polnischen Zwangsarbeiterinnen und -arbeiter mit einem großen "P" auf der Kleidung gekennzeichnet worden.. Russen und Ukrainer wurden mit "OST" etikettiert. Als "Untermenschen" hatten sie nur Pflichten, keine Rechte. So notierte der Gendarm beim Verhör des Bauern List: "Da von anderen Volksgenossen in Ernsbach nichts wahrgenommen worden ist, wurden die Angaben des fraglichen Polen nicht für wahr aufgenommen ... und für einen Racheakt angesehen, weil List schon seit längerer Zeit mit ihm auf keinem guten Fuß steht."

Aber wieso, fragte der Gendarm beim Verhör, wieso konnte der Pole so genaue Angaben über den Versteckten machen? Bauer List laut Polizeiprotokoll: "Mein polnischer Arbeiter und der Jude haben mit uns gemeinsam am Tisch das Essen eingenommen. Wenn dann jemand plötzlich zu uns kam, verschwand er in ein Zimmer. Tagsüber hat er sich immer in einem meiner Zimmer aufgehalten. Der Jude nahm außerdem am ganzen Zusammenleben teil."

Der Geschichtslehrer Hans Winter, der den "Fall List" seit 1991 mit seinen Kollegen aufgerollt hat, will bei den Nachforschungen im Dorf ein "Denunziationstrauma" festgestellt haben. Jeder habe jeden verdächtigt, das Schicksal des Bauern mitverschuldet zu haben. Aber als "Schutzbehauptung" der Dorfbewohner ist die Angabe, der Pole allein sei der Denunziant gewesen, nicht nachweisbar - es war, fürwahr, eine schlimme Zeit.

Die Gestapo hat den Bauern Heinrich List sofort nach dem Verhör in "Schutzhaft" genommen und nach Dachau verfrachten lassen. Das war im März 1942, zwei Monate nach der Wannsee-Konferenz. Auf "Judenbegünstigung" stand die Todesstrafe. Im Oktober des gleichen Jahres teilte der Dachauer KZ-Kommandant, ein SS-Sturmbannführer, Frau List amtlich mit, daß
"Ihr Ehemann Heinrich List ... am 5.10.42 an den Folgen von Phlegmone (eitrige Wunden d.Verf.) am rechten U'Schenkel im hiesigen Krankenhaus verstorben ist... Gegen die Ausfolgung der Urne bestehen ... keine Bedenken. Der Lagerkommandant KLD SS-Sturmbannführer ... Unterschrift."

Ein halbes Jahrhundert nach dem KZ-Tod des Bauern aus dem Odenwald erscheint in der Gedenkstätte Yad Vashem eine Schulklasse des Michelstädter Gymnasiums, um mit den Kopien der

Gestapo-Dokumente den Antrag ihrer Lehrer zur Ehrung von Heinrich List als "Gerechter der Völker" zu untermauern. Die deutsche Gymnasiastengruppe ist 1992 Ostern nach Jerusalem gereist - dem christlichen Fest der Auferstehung.

Yad Vashem-Direktor Mordecai Paldiel ist beeindruckt: "Heinrich List hat Hilfe geleistet, ohne die Konsequenzen zu bedenken - er hat Hilfe geleistet, als ob das damals selbstverständlich gewesen wäre." Ein Jahr dauerte die Prüfung des Antrages, den die Lehrer begründeten: "Es geht nicht um den Versuch der Relativierung des Leids, das den Juden angetan wurde, sondern um die Würdigung einer einmaligen Tat."

Als im Mai 1993 die Ehrung der "bescheidenen und einfachen Menschen Heinrich und Maria List" (so ein Enkel) in der alten Synagoge von Michelstadt erfolgt, ist es für den damaligen Botschafter Israels, Benjamin Navon, der erste Fall, daß er Deutsche als "Gerechte" auszeichnen kann. Er nennt ihre Tat einen "Höhepunkt an Menschlichkeit und eine Sternstunde der deutschen Geschichte".

Nicht nur in der Synagoge, auch im 300-Seelendorf Ernsbach gab es eine Feierstunde, umrahmt vom Chor des Gymnasiums und der Bläsergruppe der Schule am Ehrenmal - einem Ehrenmal, wie es fast in jedem Dorf Europas zur Erinnerung an die Toten der großen Kriege steht. In Ernsbach jedoch ist dem Ehrenmal eine Gedenktafel zur Erinnerung an die Menschlichkeit des Bauern Heinrich List angefügt worden. Dank der Initiative deutscher Geschichtslehrer und ihrer Schüler einer anderen, einer neuen Generation.

Zitat: "Ich wünsche mir, daß diese öffentliche und hohe Ehrung dazu führt, daß offen über Geschichte geredet werden kann. "

Oberstudienrat Hans Winter,
Michelstadt/Odenwald

Oben: Bundeskanzler Willy Brandt gratuliert Georg Ferdinand Duckwitz zur Verleihung des Heinrich-Stahl-Preises.
Unten: Die in den letzten Jahren renovierte Synagoge in Michelstadt, in der der damalige israelische Botschafter Benjamin Navon posthum die Ehrung für Heinrich und Maria List vornahm.

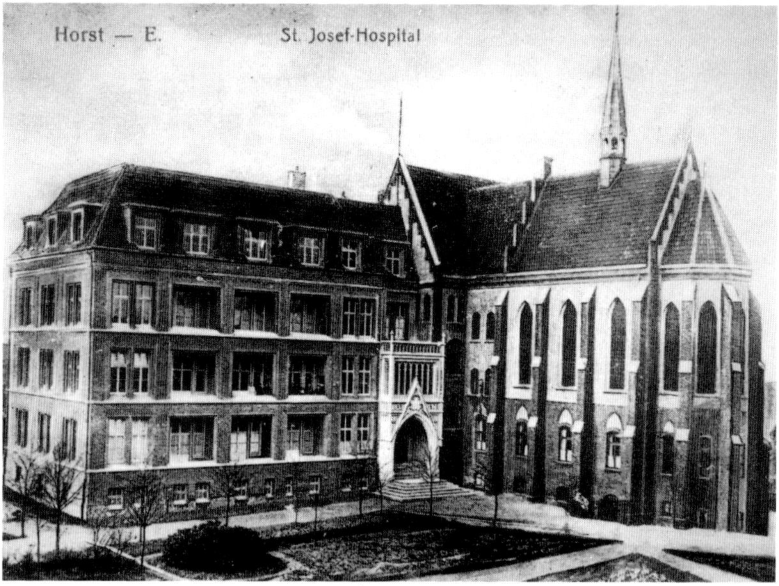


Oben: Im St. Josef-Hospital (hier ein Bild aus den 40er Jahren) versteckte Dr. Rudolf Bertram seine "lieben Kinder".
Unten: Die ehemaligen KZ-lerinnen Rella Platschek, Erna Anolik und Melba Ohnhaus besuchten im Oktober 1981 auf Einladung der Stadt Essen die Stätten ihres Leidens und ihrer Rettung, hier vor der Kruppschen Fabrik.

# Die "lieben Kinder" des Dr. Bertram

Dieser Brief vom 17. Mai 1945 wird hier auszugsweise zum ersten Mal öffentlich zitiert:

"Krankenhaus Gelsenkirchen Rotthausen
17.5.45
Dr.Bertram Chefarzt Chirurg

Meine lieben 17 ungarischen Kinder!

Für Euren Brief v. 1.5.45 habt besten Dank. Ich weiß, daß Ihr das, was Ihr geschrieben habt, auch in Euren Herzen empfindet und daß Ihr im Überschwang der Gefühle und der Freude über Euer wiedergewonnenes Leben nun den Wunsch habt, mir irgend etwas Gutes zu tun. Seid überzeugt, daß ich einen reichen Lohn dafür erhalten habe. Den Lohn dessen, der mein und meiner Frau und meiner Kinder Gebete erhört hat ... Es tut mir leid, daß ich nicht noch eine größere Zahl von Euren Gefährtinnen hier festhalten konnte. Gott hat mir die dazu nötigen Erkenntnisse aber nicht gegeben. Das soll keine Entschuldigung sein, sondern nur eine Erklärung dafür, daß ich nur Euch 17 bei mir behalten habe. Seid überzeugt, daß ich und meine Familie und zahlreiche deutsche Menschen das entsetzliche Leid mitempfinden, das Euch und dem ganzen Volk der Juden durch verbrecherische, teuflische Angehörige meines Volkes angetan worden ist. Nur der Satan kann der Urheber solcher Untaten sein, die Euer Volk und alle Nachbarvölker Deutschlands und das deutsche Volk selbst in seinen edelsten Vertretern erduldet hat ..."

Wer war der Mann, der wenige Tage nach dem Ende des Nazi-

Regimes einen solchen Brief reinen Gewissens schreiben konnte? 1938, als Hitler sich nach dem Anschluß Österreichs und des Sudetenlandes als "Führer des Großdeutschen Reiches" von Millionen bejubeln ließ, wurde der 45jährige katholische Arzt Dr. Rudolf Bertram als Chefarzt für Chirurgie an das St. Josef-Hospital in Gelsenkirchen-Horst berufen, mitten im Ruhrgebiet. Gegen Ende des Krieges, als immer mehr Ärzte an die Front mußten, übernahm er auch die Leitung der Chirurgie im Marienhospital des Stadtteils Rotthausen. Hier hat er im Herbst 1944 nach einem alliierten Bombenangriff 17 schwerverletzte jüdische Zwangsarbeiterinnen sieben Monate lang bis zur Befreiung durch die US-Armee verborgen. Dafür wurde er im Oktober 1980 von Yad Vashem als "Gerechter der Völker" posthum geehrt. Er selbst und seine Frau, Dr. Margot Bertram, haben nach dem Kriege nie von ihrer dramatischen Rettungsaktion gesprochen.

### *Die "Stadt der 10 000 Feuer"*

Die "lieben Kinder" des Chefarztes Dr. Bertram waren kahlgeschorene Mädchen und Frauen im Alter von 14 bis 25 Jahren in Kitteln aus grauem Sackleinen. "Manche wogen bei der Befreiung nur noch 25 Kilo", berichtete 50 Jahre später eine der Geretteten bei einem Besuch in Gelsenkirchen. Am 11.August 1944 waren die Mädchen im Vernichtungslager Auschwitz "ausgesondert" und mit insgesamt 2000 ungarischen Jüdinnen per Güterzug in das "Außenlager Gelsenkirchen des KL Buchenwald" zur Zwangsarbeit bei der Gelsenberg Benzin AG verfrachtet worden. Dort wurde das für die Kriegsführung unverzichtbare Benzin aus Kohle gewonnen. Und dort brauchte man die Zwangsarbeiterinnen zu Aufräumarbeiten nach alliierten Luftangriffen.
Vor dem Kriege hatte Gelsenkirchen wegen seiner vielen Zechen und Hochöfen den Beinamen "Stadt der 1000 Feuer". Im Krieg versank die Stadt wie zahlreiche europäische Großstädte in mehr als tausend Feuern, "ausradiert" wie von Görings Luftwaffe Warschau, Rotterdam und Coventry. 1943/44 zerstörten die Geschwader des briti-

schen Luftmarschalls "Bomber-Harris" Fabriken, Wohn- und Krankenhäuser in Deutschland, aber auch Zwangsarbeiterlager.

In Gelsenkirchen waren im Herbst 1944, drei Monate nach dem "D-Day", über 14 000 ausländische Zwangsarbeiter und Kriegsgefangene in 40 Lagern bei insgesamt 37 Firmen eingesetzt. KZ-Häftlingen im Arbeitseinsatz war es "bei Strafe verboten", bei Luftangriffen in Bunkern oder Unterständen Schutz zu suchen. Damit beginnt die eigentliche Geschichte des Chefarztes Dr. Bertram und seiner "lieben Kinder" aus Ungarn.

Es war ein Bild des Elends, als die etwa 2000 Frauen aus Auschwitz in ihren grauen Säcken und Holzpantinen vom Bahnhof Gelsenkirchen, bewacht von männlicher und weiblicher SS, zu Fuß auf das Gelände der Gelsenberg A.G. zogen, wo jeweils etwa 700 Frauen in drei großen Zelten hausen mußten, bis ein Barackenlager fertig war. Die Übernahme der Jüdinnen bestätigte am 14. August 1944 SS-Obersturmführer Dietrich seiner vorgesetzten Dienststelle im KZ Buchenwald: "Das Schreiben vom 11.8.44 erreichte mich am 14.ds.Mts., nachdem bereits die Numerierung der Häftlinge erfolgt war." (Der mit bürokratischer Akribie erfolgten Registrierung der Häftlinge "verdankt die Geschichtsforschung ihre Einsicht in die Hitlerzeit", heißt es 1994 in einer beachtenswerten, lokalen Dokumentation "KZ Außenlager in Gelsenkirchen".)

Das war ein KZ wie fast alle anderen, doch kein Vernichtungslager. So erinnerte sich eine Überlebende: "Nach Auschwitz war das ein Paradies ..." Der Zwölfstunden-Arbeitstag in diesem "Paradies" begann mit dem Zählappell frühmorgens zwischen fünf und sechs, dann ging es auf offenen Lastwagen zum Trümmer- und Schrotträumen in die von Bomben zerstörten Fabrikanlagen.
Judith Altmann schrieb nach fast 40 Jahren aus Connecticut (USA): "Unsere Ration bestand aus einer Gemüsesuppe, Kartoffel, einer Tasse (Ersatz)Kaffee täglich, und einer Scheibe Brot wöchentlich, das wir im Zelt am Boden sitzend verzehrten - Diese Ration war größer als in anderen Konzentrationslagern ...".

Ein deutscher Zeitzeuge bezeichnete damals die Mädchen und Frauen als "feine, zartgliedrige Geschöpfe, welche nicht für schwere Arbeiten tauglich sind". Sie räumten zerbombte Fabrikmauern weg und zerrten Schrott zur Seite oder entluden Baumaterial von Kanalschiffen. "Wir hatten keine Namen, nur Nummern. In Schichten zu zwölf Stunden, teilweise bis zu den Hüften im Wasser, mußten wir riesige Betonklötze entladen." (Aussage einer Überlebenden).

Der 11. September 1944 wurde zum Tag des Todes auf dem Gelsenberg-Gelände. Gegen 18 Uhr, die KZ-lerinnen waren gerade ins Lager zurückgekehrt, regnete es Bomben über Bomben auf die Fabrik. Das Barackenlager wurde völlig zerstört: 150 Mädchen und Frauen kamen im Bombenhagel ums Leben. Ihre Körper lagen zerfetzt im Gelände, mußten an den folgenden Tagen von ihren Gefährtinnen eingesammelt und in eine Grube geworfen werden. Es waren Jüdinnen aus Ungarn, die der Vergasung in Auschwitz der Zwangsarbeit wegen entronnen waren. Der Tod holte sie von der anderen Seite des Krieges. 50 Jahre später, im September 1994, folgten einer Gelsenkirchener Einladung sechs überlebende Ungarinnen zu einer kleinen Gedenkfeier: Sechs Frauen, die ihr Leben dem Chefarzt Dr. Rudolf Bertram verdankten.

Insgesamt waren es etwa 50 Frauen, die nach dem Luftangriff schwerverletzt in die beiden Krankenhäuser kamen, in denen Dr. Bertram verantwortlicher Chirurg war. 32 Schwerverletzte im St. Josef-Hospital - 17 im Marienhospital. Der Chirurg tat mehr als seine ärztliche Pflicht. "Er operierte bis zu 16 Stunden am Tag", berichtete Hermina Festinger, die Jahrzehnte später die Initiative zur Ehrung des Arztes als "Gerechter der Völker" ergriff. Doris Pollack erinnerte sich: "Ich habe meine Schwester nach dem Angriff auf dem Flur vor dem Operationssaal wiedergefunden. Dr. Bertram hat 76 Stunden lang operiert." Und Rosa Großstern: "Er hat Großes geleistet und verdient es, daß an ihn erinnert wird." Ein Arzt, der zum Vorbild wurde.

Die damals 25jährige Hermina Festinger war im Splitterregen der Bomben so schwer verletzt worden, daß Dr. Bertram ihr ein Bein amputieren mußte. Als die Gestapo ihre Entlassung aus dem Krankenhaus verlangte, sagte Bertram: "Nein, die Patientin ist nicht entlassungsreif." Seine Hartnäckigkeit gegenüber der Staatspolizei erscheint einmalig. Dennoch mußte er für Hermina Festinger einen "Übergabetermin" akzeptieren. Als der fällig war, kam die Gestapo vergeblich. Dr. Bertram behauptete die (einbeinige) Patientin sei geflohen. Er hatte sie im Vorratslager verstecken lassen.

Für die Ordensschwestern und das sonstige Personal stand - wie Frau Dr. Margot Bertram berichtet hat - "seine Autorität außer Frage." Die ungarischen Mädchen nannte er "Kinder in Todesangst". Als junger Soldat des Ersten Weltkrieges war er in russische Kriegsgefangenschaft geraten und hatte etwas Ungarisch gelernt. So verständigte er sich mit den Mädchen in ihrer Muttersprache, und wenn Gestapoleute das bei ihren überraschenden Kontrollen im Krankenhaus feststellten, sagte er: "Auf Deutsch kann ich sie als Arzt nicht nach ihrem Befinden befragen; sie verstehen ja nur ungarisch."

Die SS-Kontrollen anhand der "Häftlingslisten" häuften sich, aber auch die Anweisungen des Chefarztes, die jungen Frauen möglichst nicht zu entlassen. Da wurden viele Tricks angewandt. Geheilte bekamen neue Gipsverbände, andere wurden umgebettet oder in den Kellern des Krankenhauses versteckt, mit Lebensmitteln und Kleidung versorgt. Auf solche Handlungen stand die Todesstrafe.

Das dramatische Geschehen in dem Gelsenkirchener Krankenhaus ist kaum nachzuvollziehen. In der Dokumentation von Yad Vashem heißt es nüchtern: "Dr. Bertram selbst übernahm die Behandlung dieser Schwerverletzten, sprach ihnen Mut zu in ihrer Angst und Verzweiflung und versuchte, sie kraft seiner Persönlichkeit und Stellung vor dem Zugriff der Gestapo zu bewahren. So behielt er seine Patientinnen über ihre Genesung hinaus im Krankenhaus und ermöglichte ihnen bei erster Gelegenheit die Flucht."

Sieben Monate blieben die "lieben Kinder" des Chefarztes Dr. Bertrams versteckt. Dann kamen die Amerikaner nach Gelsenkirchen. Im April 1945, zu Ostern, dem Fest der Auferstehung.

****

Nachtrag:

Während dieses Kapitel geschrieben wurde, bereitete die Gesellschaft für christlich-jüdische Zusammenarbeit die Benennung der Zufahrt zum St. Josef-Hospital in "Rudolf-Bertram-Platz" vor. Der Stadtrat von Gelsenkirchen folgte der Initiative seiner engagierten Bürger, so daß der Platz im September 1996 - zum alljährlichen Erinnerungstag an die 150 bei dem alliierten Luftangriff 1944 getöteten ungarischen Zwangsarbeiterinnen - eingeweiht werden konnte. Eingemeißelt in einen Gedenkstein wird in nüchternen Worten das schwere Schicksal der 2000 Mädchen und Frauen, die aus Auschwitz nach Gelsenkirchen verfrachtet worden waren, für die nachwachsenden Generationen mahnend dargestellt und die vorbildliche Rettungsaktion des Chefarztes Dr. Bertram und seiner Helferinnen und Helfer im Krankenhaus gewürdigt.

So wurde mehr als 50 Jahre nach seinem mutigen Einsatz im Zentrum des größten deutschen Industriegebietes ein Arzt geehrt, der dem Eid des Hippokrates gegen alle Widerwärtigkeiten und Widerstände treu geblieben ist. Die Auszeichnung als "Gerechter der Völker" war ihm posthum durch die Gedenkstätte Yad Vashem verliehen worden. Seine Frau, Dr. med. Margot Bertram, ohne deren Hilfe er seine "ungarischen Kinder" nicht hätte versorgen und verstecken können, nahm Medaille und Urkunde in der Bonner Botschaft Israels am 22. Oktober 1980 in Empfang. Nach dem Kriege war sie viele Jahre lang Vorsitzende des Sozialdienstes katholischer Frauen und kümmerte sich, obgleich sie sechs Kinder hatte, vor allem um weibliche und jugendliche Strafgefangene. 1974 wurde Frau Dr. Margot Bertram mit dem Päpstlichen Orden pro ecclesia et pontifice geehrt.

Sie lebte und handelte auch im Frieden aus dem gleichen Geist wie ihr Mann in der schwersten Zeit des Krieges und der Verfolgungen.

Die Antwort auf die Frage, wie es möglich war, 17 kahlgeschorene, verletzte und ausgehungerte Jüdinnen sieben Monate lang zu verstecken, gab dem Autor der evangelische Pfarrer Horst Stratmann, der sich im Ruhrgebiet große Verdienste um die Aufarbeitung jener Zeit erworben hat. Zitat: "Die Erinnerungen seiner Patientinnen beziehen sich auf Dr. Bertram. Aber beim intensiven Befragen wird sehr bald deutlich, daß das, was damals geschehen ist, nicht die Tat eines einzelnen 'Judenretters' sein konnte. Da war ein ganzes Krankenhaus, genauer: 2 Krankenhäuser mit einer Vielzahl von Ordensschwestern und sonstigen Mitarbeitern. Viele von ihnen haben ihren persönlichen Beitrag geleistet, um den verletzten Jüdinnen weiterzuhelfen.

Darüber hinaus ist es fast unglaublich, daß keiner Dr. Bertram verraten hat. Eine Überlebende hat gesagt: Wenn ich über das Krankenhaus ... nachdenke, dann ist es für mich ein Wunder. Da waren ja sehr unterschiedliche Menschen. Alle wußten, daß unser Leben an einem seidenen Faden hing. Alle haben zusammengehalten, und wir wurden gerettet."

Dr. Bertram selbst meinte, er habe nur seine Christenpflicht getan ...

Oben: Anastasia Gerschütz und die von ihr gerettete Eva Schmalenbach bei der Ehrung durch den israelischen Botschaftsrat Jehudi Kinar.
Unten: Wolfgang Gaebler und seine Mutter, die Schauspielerin Gertrud Gaebler-Janssen, die in Berlin jüdischen und nichtjüdischen Verfolgten halfen.

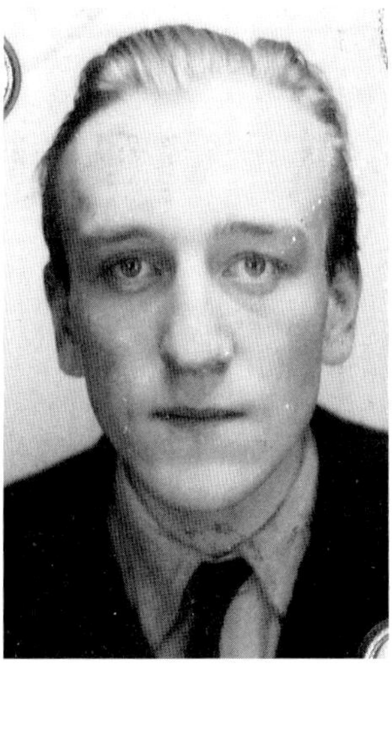

Oben: Hans Walz anläßlich der Ehrung zusammen mit Ministerpräsident Dr. Hans Filbinger und dem israelischen Gesandten Avner Idan, der heute Geschäftsführender Vicepräsident des Europäischen Committees des Weizmann Institutes of Science ist.
Unten: Das Ehepaar Otto und Gertrud Mörike im Jahre 1943.

# Die anständigen Leute aus der Fabrik

"Arbeite nicht zu schnell für den Verbrecher", sagte der Arbeiter an der Stanzmaschine zu der jüdischen Zwangsarbeiterin, während sie aus sechseckigen Stangen Schraubenmuttern stanzte. "Das war ein älterer deutscher Arbeiter und ein anständiger Mensch. Sein Pausenbrot teilte er mit mir, und das Verbot mit mir zu sprechen, beachtete er nicht."

Wer der Arbeiter in der Fabrik des "Kanonenkönigs Krupp" war, wissen wir nicht. Die junge Frau, die damals keinen Namen, nur eine Nummer hatte und sich an die schreckliche Zeit in der "Waffenschmiede des Reiches" erinnerte, war Rella Platschek. Sie stammte aus Transsylvanien. Dort, im ungarisch-rumänischen Land zwischen Karpaten und Donau, hatten Hitlers Menschenjäger das Mädchen Rella seines "jüdischen Blutes" wegen mit Großmutter, Mutter und Geschwistern wie Vieh eingefangen und nach Auschwitz verschleppt. Rella kam im Juli 1944 als "Arbeitsjüdin" raus aus Auschwitz und landete mit einem ersten Transport in Gelsenkirchen, wie bald darauf weitere 2000 junge Ungarinnen jüdischer Abstammung. Hier beginnt die Fortsetzung des Kapitels "Dr. Bertram und seine lieben ungarischen Kinder".

Rella Platschek, die bei ihrer Befreiung durch britische Truppen in Bergen-Belsen nur noch 35 Kilogramm wog, war wie ihre Schwester nach dem schweren Bombenangriff auf Gelsenkirchen von "drei elegant gekleideten Herren" der Firma Krupp mit 500 jüdischen Zwangsarbeiterinnen ausgesucht und in ein Lager zwischen Essen und Mühlheim/Ruhr verlegt worden. Mit der Straßenbahn von einer Stadt in die andere. Seitdem arbeiteten sie in den Kruppschen Rüstungswerken; den Sklavenlohn kassierte, wie üblich, das SS-Reichssicherheitshaupt. Arbeitgeber und Arbeitsplatz hießen: "KL Buchenwald, SS-Arbeitskommando Friedrich Krupp, Essen."

Rella Platschek erinnerte sich 1981 in einem Brief an die Dokumentations- und Gedenkstätte der Alten Synagoge in Essen:

"Obgleich hunderte Essener täglich unseren erbärmlichen Zug durch die Straßen der Stadt (in die Fabrik) sahen, hatten wir keinen Kontakt mit ihnen. Die Deutschen im Lager (männliche und weibliche SS. D.-Autor) beschimpften und schlugen uns. Lediglich in der Fabrik trafen wir anständige Leute und auch solche, die Mitleid mit uns hatten. Da gab es einen Kranführer, der warf uns oftmals etwas Eßbares zu, einmal sogar ein paar Schuhe." (Die Mädchen und Frauen trugen seit Monaten die grauen Leinensäcke aus Auschwitz und Holzschuhe). "Mir gab eine ältere deutsche Arbeiterin Nadel und Faden und ein andermal - welch ein Schatz - ein Stück Seife."

Ist noch nachfühlbar, was das für die Sklavinnen des SS-Staates bedeutete? Die Ungeheuerlichkeit der Situation wird eindringlicher, wenn man weiß, daß etwa zur gleichen Zeit auf dem Werksgelände ein russischer Gefangener von Wachleuten fast totgeschlagen wurde, weil er ein paar Kartoffeln gestohlen hatte. Um nicht zu verhungern.

Aber es gab eben auch anständige Leute in der Fabrik. Fünf der Frauen des Arbeitskommandos, zu dem Rella Platschek gehörte, litten an schwerer Tuberkulose. Mehrere Kilometer Fußmarsch dauerte der Weg vom Lager ins Kruppsche Lafettenwerk. Die lungenkranken Mädchen schleppten sich am Ende der Kolonne hustend und röchelnd mit. Rella: "Da war ein Torwächter, der holte, unbemerkt von den SS-Aufseherinnen, die fünf in seine Wachstube, wo sie sich ausruhen konnten und nicht bei Schnee und Frost auf dem Fabrikhof arbeiten mußten." Abends schleuste der Torwächter die kranken Zwangsarbeiterinnen wieder in die Kolonne.
"Drei von ihnen sind später in Bergen-Belsen gestorben", heißt es in Rella Platscheks Brief, "aber zwei von ihnen verdanken ihm ihr Leben". Der unbekannte Wächter am Fabriktor des Kanonenkönigs Krupp ein ungenannter "Gerechter der Völker"?

Unbekannt auch jene Krankenschwester, die auf ihrem täglichen

Radweg von Mühlheim ins Essener Krankenhaus dem traurigen Zug der elendigen Mädchen und Frauen begegnete und ihnen aus der Klinik Eßbares zukommen ließ, obwohl sie wußte, daß dies verboten war. Und da war noch der Bauer, der auf seinem Feld unweit des Lagers die SS-Wächterinnen in Gespräche verwickelte und ablenkte, damit die ausgehungerten KZ-lerinnen beim Rübensammeln für die Lagerküche schnell ein paar Möhren wegstecken oder an Ort und Stelle verzehren konnten.

Wo liegt die Grenze zwischen Mitleid, Menschlichkeit und Mut? Diese Frage haben sich jene nicht gestellt, die damals handelten wie der Torwächter, die Krankenschwester und der Bauer - sie halfen und sie redeten nicht davon. Auch nicht nach dem Ende des Nazi-Reiches. Deshalb werden sie hier unbekannte Helfer genannt, sozusagen anständige Leute. Nur ihre Erwähnung in Briefen und Aussagen von Überlebenden erinnern an ihr aufrechtes Verhalten.

Auch Karl Schneider, Gerhard Marquardt und Fritz Niermann wären unbekannt geblieben, hätte nicht der Autodidakt Ernst Schmidt nach dem Kriege die NS-Zeit in der Krupp-Stadt Essen systematisch aufgearbeitet. Seinen Büchern "Lichter in der Finsternis" verdanken wir nicht nur, was Rella Platschek aus ihrer zweiten Heimat Schweden nach Jahrzehnten zu berichten wußte, sondern auch die Enthüllung einer dramatischen Rettung von sechs jüdischen Mädchen aus dem "SS-Arbeitskommando Friedrich Krupp, Essen."

Sechs von 520 Zwangsarbeiterinnen aus dem Lager am Rande der damals größten Stahl- und Kohle-Stadt Europas. Sie war das bevorzugte Ziel alliierter Luftangriffe. Allein am Nachmittag des 24. Oktober 1944, als ein Kommando der Zwangsarbeiterinnen gerade auf dem Runkelfeld Rüben einsammelte, fielen 137 Luftminen, 3 450 Sprengbomben und 65 000 Brandbomben auf diese Stadt. Es gab 820 Tote und 569 Verwundete.

*Der kurze Weg über den toten Friedhof*

In jenen Tagen bat der Krupp-Arbeiter Gerhard Marquardt, der wie viele Ausgebombte in einem Schrebergarten lebte, seinen Meister, einmal während der Arbeit nach seiner kranken Frau sehen zu dürfen. "Nimm eine von den Jüdinnen mit", sagte der Meister, "vielleicht kann sie Dir helfen." Die Frau, die Marquardt begleiten durfte, war Rosa Katz aus Ungarn.

Der Arbeiter Marquardt, der wie andere den Häftlingen diese und jene Hilfe hatte zukommen lassen, nahm den kürzesten Weg vom Walzwerk zu seiner Not-Behausung: Direkt über den stillgelegten, wahrhaft toten jüdischen Friedhof. Die Abkürzung nahm er nicht nur beim ersten Mal, sondern immer dann, wenn er Rosa Katz unter einem Vorwand aus der Fabrik lotste. Der kurze Weg wurde zum Weg ins Überleben.

Das Lager der Zwangsarbeiterinnen wurde bei einem schweren Luftangriff im März 1945 völlig zerstört. Die SS verschwand in den Unterständen. Rosa Katz floh, als die alliierten Posphor-Bomben die Nacht erhellten, mit fünf Gefährtinnen: Giselle Israel und die Geschwisterpaare Elisabeth und Erna Roth, Agnes und Rene Königsberg. Raus aus den brennenden Baracken, aber wohin in der Bombennacht in einer unbekannten Stadt?
Rosa Katz nahm den Weg, den sie kannte, den Weg über den jüdischen Friedhof. Die Mädchen suchten Schutz in der Leichenhalle. Da vermutete sie niemand. Die kalte Leichenhalle auf dem toten jüdischen Friedhof war mehrere Tage und Nächte das Versteck der jüdischen Mädchen aus dem Ungarnland, ein Versteck ohne Wasser und Brot.

Rosa Katz ging heimlich in die Gartenanlage zu Gerhard Marquardt und bat um Hilfe - Hilfe, die mit dem Tode bedroht war. Der Arbeiter und seine Frau haben nicht lange überlegt, ihnen war es selbstverständlich, den ausgemergelten, hungernden Mädchen in der Leichenhalle zu helfen. Aber die eigenen Lebensmittelrationen reichten dazu nicht. Gerhard Marquardt buddelte aus Ruinen-Kellern Kartoffeln aus, richtete in einer verlassenen Gartenlaube ein neues Versteck ein, beschaffte Lebensmittel und organisierte Brot, einmal sogar nutzte er dazu die Bekanntschaft eines örtlichen NS-Funktionärs. Das Überleben der jüdischen Mädchen bedeutete ihm und seiner Frau alles.

Zwar ging der Krieg dem Ende zu - Briten und Amerikaner hatten im Westen, die Russen im Osten die Grenzen des Reiches überschritten, aber es war nicht leichter geworden, entflohenen Gefangenen zu helfen. Im Gegenteil, desertierte blutjunge deutsche Soldaten, auch als "Luftwaffenhelfer" und zum "Volkssturm" eingezogene Schüler wurden von "Standgerichten" zum Tode verurteilt und an Laternen erhängt. Im Untergang feierte der Terror auch gegen das eigene Volk Triumphe.

Gerhard Marquardt mußte die sechs Mädchen anderswo als in der Laube unterbringen. Er besprach sich mit einem Arbeitskollegen, dem Kruppschen Ofenmaurer Karl Schneider. Der wußte von den Geflüchteten und gehörte ebenfalls zu den anständigen Leuten in der Fabrik. "Herr Schneider hat mit uns Mädchen in der Fabrik oft sein Frühstücks-Brot geteilt, wenn die SS-Wachen wegsahen, und er hat uns von einem Mann erzählt, der uns helfen würde, wenn es an der Zeit wäre," sagte Erna Roth später aus.

Als es an der Zeit war, holte Schneider eines Abends die sechs Frauen aus der Laube und brachte die beiden Geschwisterpaare zu einem Lebensmittelhändler namens Fritz Niermann, dessen Frau und Töchter wie viele Großstädter wegen der Luftangriffe evakuiert waren. So gab's Platz im Hause Niermann. "Wir schliefen zum ersten Mal wieder in weißen Betten, bekamen zu essen und durften uns aus dem Schrank Kleider nehmen. Herr Niermann hat in uns wirkliche Hoffnung auf ein Überleben geweckt - und als ich den ersten amerikanischen Soldaten sah, wußte ich, daß wir frei waren."

Erna Roth hat das bei einem Besuch auf Einladung der Stadt Essen erzählt, lange nachdem sie, ihre Schwester Elisabeth und die Geschwister Königsberg in die USA ausgewandert waren. Gertrud Hannen, die Hausgehilfin Niermanns, berichtete dem Essener Zeithistoriker Dr. Ernst Schmidt: "Die vier Mädchen schliefen im Schlafzimmer der Familie. Die Fenster hatten wir mit Teppichen zugehängt. Die Mädchen waren jedoch nicht die einzigen ... auch einige Russen waren im Hause untergekommen..." Zwangsarbeiter und Kriegsgefangene, "Untermenschen" wie die jüdischen Mädchen.

Rosa Katz, die den Weg zu Marquardts Gartenhäuschen gesucht und gefunden hatte, wurde von Karl Schneider aus dem Laubenversteck zu einem Bekannten gebracht, während Giselle Israel bei Schneider selbst Unterschlupf fand. Sie war 17 Jahre alt und bekam endlich ein eigenes Bett. Die Wohnung durfte sie nicht verlassen, und wenn die Sirenen Fliegeralarm auslösten, sagte Schneider zu Giselle: "Setz Dich hierher und steh nicht mehr auf. Sollte etwas passieren, wissen wir, wo wir dich suchen müssen."

"Was machen unsere Mädchen?" fragte Jahre nach dem Krieg der Ofenmaurer Schneider den Lebensmittelhändler Niermann. Von Giselle hatte er noch nichts gehört. Mit den anderen in Amerika korrespondierte er und berichtete ihnen, wie er im Herbst 1944 einen unvergeßlichen Schock bekommen hatte, als er die Kolonne der jüdischen Frauen und Mädchen über sieben, acht Kilometer ins Kruppsche Walzwerk II zur Zwangsarbeit ziehen sah. Von Stund' an war es für ihn beschlossene Sache, den Frauen zu helfen, wann immer es ihm möglich sein würde. Das Gespräch unter Freunden begann, als der Kaufmann Niermann den Elendszug gesehen hatte.

In einem Brief hat Fritz Niermann festgehalten: "Zurückblickend erinnere ich mich mit Freuden daran, daß es mir vergönnt war, Euch nach Euren schrecklichen Erlebnissen und Eurer abenteuerlichen Flucht zu helfen und ein klein wenig Geborgenheit zu geben - auch Vaterstelle anzunehmen, was mir, glaube ich, gelungen ist." So einfach, wie das heute klingen mag, war es nicht. Als Karl Schneider die vier Mädchen zu ihm gebracht hatte, hat er Mitwissenden gesagt:

"Wir müssen uns bewaffnen, falls wir auffliegen..." Sie flogen nicht auf, keiner der Wissenden hat sie verraten.

****

Der Ofenmaurer Karl Schneider, der gewerkschaftlich orientiert war, ist schon in den Fünfziger Jahren verstorben. Der Lebensmittelkaufmann Fritz Niermann war nach dem Kriege Mitbegründer der CDU in Essen und wurde am 8. Februar 1989 posthum als "Gerechter der Völker" von Yad Vashem geehrt. Die gleiche Auszeichnung wurde dem Arbeiter Gerhard Marquardt posthum zuteil, der nach dem Kriege vor dem Nürnberger Kriegsverbrechertribunal im Prozeß gegen den angeklagten Alfried Krupp von Bohlen und Halbach als Zeuge der Verteidigung ausgesagt hat. Seine Frau Erna hat als mitbeteiligte Lebensretterin der jüdischen Mädchen 1989 Medaille und Urkunde von Yad Vashem aus der Hand des israelischen Botschafters in Empfang genommen.

## Die Pfingsttour ins Frankenland

Viktor Scheffels Wanderlied "... ins Land der Franken fahren" werden Irene Schmalenbach und ihre Tochter Eva nicht gesungen haben, als sie Pfingsten 1943 in ihrer Heimatstadt Mainz zu einer Radtour ins schöne Frankenland starteten. Die Zeiten waren nicht danach, fröhliche Lieder aus Kindertagen zu singen. Sie bogen hinter Würzburg aus dem Maintal, wo der Fluß sich zwischen Weinbergen windet, in Richtung Haßberge ab, wollten nach Stadtlauringen, etwa 20 Kilometer nordöstlich der Industriestadt Schweinfurt. In dem abgelegenen Marktflecken vor der Rhön lebte Familie Gerschütz, mit der Irene und Eva Schmalenbach bislang nur postalisch verkehrt hatten. Jetzt wollten sie dort Schutz suchen - Schutz vor der Gestapo.

Irene Schmalenbach war eine geborene Ehrenstein, Mainzer Jüdin, deren Mann zwei Jahre nach der Geburt ihrer Tochter Eva verstorben war. 1942, als die deutschen Juden Zug um Zug abtransportiert wurden, hatte sie Post aus Stadtlauringen bekommen, mit letzten Grüßen von ihrem Schweinfurter Onkel Weil. Der hatte vor seiner Deportation ein paar Wert- und Erinnerungsstücke Anastasia Gerschütz mit der Bitte gegeben, sie seiner Cousine in Mainz zu schikken, und Irene selbst hatte der Onkel aus Schweinfurt wissen lassen: "Im Notfall wendet Euch an Familie Gerschütz."

Das war der ernste Anlaß für die Radtour von Mutter und Tochter Schmalenbach 1943 ins schöne Frankenland, an Pfingsten, dem Fest der geistigen Erleuchtung, die nie so notwendig schien wie gerade in dieser Zeit.

Frau Schmalenbach arbeitete freiwillig in der Jüdischen Gemeinde zu Mainz. Als Witwe eines Christenmenschen (oder "Ariers") und Mutter einer halbjüdischen Tochter glaubte sie, von den "Umsiedlungsmaßnahmen" ausgenommen zu sein. Aus Mainz, der Stadt Gutenbergs, des Erfinders der Buchdrucker-Kunst, ging der erste

Transport am 20. März 1942 von der Verladerampe am Güterbahnhof in die Vernichtungslager Belzec und Sobibor: Unter den 468 jüdischen Mainzern war auch Hedwig Reiling, die Witwe des zu seiner Zeit hoch angesehenen Kunsthistorikers und Antiquitätenhändlers Isidor Reiling. Als das 20. Jahrhundert gerade begonnen hatte, genau am 19. November 1900, bekam das strenggläubige Ehepaar Reiling eine Tochter, die Netty genannt wurde und unter dem Pseudonym Anna Seghers eine weltbekannte Schriftstellerin werden sollte. Mit 28 Jahren bekam sie den Kleist-Preis für ihre Erzählung "Aufstand der Fischer von St. Barbara"; 1934 von Deutschlands großem Theater-Regisseur Erwin Piscator in der Moskauer Emigration verfilmt. Anna Seghers, deren Mutter 1942 aus Mainz zur Vergasung abtransportiert werden sollte, hatte Kunst- und Kulturgeschichte studiert, Geschichte und Sinologie, war Doktor der Philosophie und galt als "Käthe Kollwitz der deutschen Literatur." Aber sie war nicht nur Jüdin, sondern auch Kommunistin. So wurden ihre Bücher 1933 verboten und verbrannt. Sie selbst floh über die Schweiz nach Paris und kam über Umwege nach Mexiko. In der Emigration hat sie ihr wichtigstes Buch geschrieben, den großen KZ- und Landschafts-Roman "Das siebte Kreuz". Es war ein Welterfolg. In Amerika und England mit Auflagen von mehr als einer halben Million gedruckt, wurde "Das siebte Kreuz" 1944 von Fred Zinnemann in den USA mit Spencer Tracy in der Hauptrolle verfilmt.

Auch der Film wurde zum Welterfolg; allerdings wurde er in Westdeutschland nach dem Kriege kaum bekannt.Die Schriftstellerin Anna Seghers war nach ihrer Heimkehr in die DDR statt in die Bundesrepublik gegangen. Die deutsche Spaltung trennte - und trennt - auch die deutsche Literatur, ihre Autoren und eine breite Leserschaft. Immerhin erhielt die Mainzerin 1947, also vor Gründung der beiden deutschen Staaten, den Büchner-Preis für "Das siebte Kreuz". Erst 1981 wurde ihr nach Boykott und langjährigen politischen Streitereien die Ehrenbürgerschaft ihrer Vaterstadt Mainz verliehen. Lenin-Preis und DDR-Orden hatte sie, mehr als ihr gut taten bekommen.

"Das siebte Kreuz" schildert die dramatische Flucht von sieben

Häftlingen aus einem Konzentrationslager nahe Worms. Der SS-Kommandant läßt sieben gekappte Platanen auf dem "Tanzplatz" (Folterplatz) des Lagers als Kreuze herrichten - für die Geflohenen. Sechs werden gefaßt und hingerichtet. Nur einer kommt durch, sein Kreuz bleibt leer: Georg Heisler, ein einfacher Arbeiter.
Da es eine Romanfigur ist, kann es auch keine Ehrung seiner Retter geben. Aber Anna Seghers hat sogar aus der Perspektive der Emigrantin mitten im Krieg gesehen und beschrieben, daß es im Deutschland Hitlers nicht nur Nazis, sondern auch "Gerechte" gab.
Zitat Marcel Reich-Ranicki aus der FAZ vom 3. Juni 1983: "Gewiß, Heisler ist Kommunist und zu seiner Rettung tragen auch ehemalige Mitglieder KPD bei. Aber den meisten Menschen, die er auf seinem Fluchtweg trifft, ist die Politik gleichgültig, viele von ihnen sind nicht einmal Gegner des Nationalsozialismus. Dennoch zeigen sie ihn nicht an, sie helfen ihm. Nur ihre menschliche Anständigkeit, ihr Gewissen bestimmt ihre Handlungsweise. Der Widerstand gegen den Terrorstaat, den jenes leergebliebene siebte Kreuz symbolisiert, hat mit politischen Motiven nur wenig zu tun und mit moralischen Kategorien sehr viel. Die Dichterin der Passionsgeschichte vom ungekreuzigten Georg setzt ihre Hoffnung nur auf die Redlichkeit des Individuums. Oder sollte man sagen: Auf die Nächstenliebe?"

In Mainz verübten nach Beginn der Deportation zahlreiche Juden Selbstmord. Irene Schmalenbach erfuhr das in der Jüdischen Gemeinde aus erster Hand. Der 1933 aus dem Staatsdienst als Jude entlassene Regierungsrat Michael Oppenheim (sein Tagebuch von 1941-44 hat ihn überlebt) wurde von der Gestapo gezwungen, "Umsiedlerlisten" zusammenzustellen. Ende 1942 gab es nur noch 170 Juden in Mainz, bis im Februar 1943 auch die letzten nicht mit "Ariern" verheirateten Juden zum Mainzer Güterbahnhof mußten. Spätestens jetzt war Irene Schmalenbach entschlossen, mit Eva unterzutauchen.

Frau Schmalenbachs Bruder lebte in der Schweiz und hatte versucht, sie als "Hausangestellte" aus Deutschland ausreisen zu lassen. Vergeblich. Die einzige Hoffnung war die freundliche Familie Gerschütz in Stadtlauringen, die hin und wieder Pakete nach Mainz geschickt hatte. Die 22jährige Eva fuhr ins Unterfränkische und fragte den Zahnarzt Severin Gerschütz und dessen Frau Anastasia, ob sie wohl einen Bauern kennen würden, bei dem sie mit ihrer Mutter untertauchen könne. Obgleich die Lebensmittelkarte der Zahnarzt-Familie von manchen ländlichen Patienten hin und wieder mit Speck oder Wurst aufgebessert wurde, das Verhältnis also eng und vertrauensvoll war, meinte Frau Gerschütz, selbst aus einer Bauernfamilie stammend, man solle Fremde nicht in Gefahr bringen. Eva solle mit ihrer Mutter kommen; sie könnten bei ihnen wohnen.

So starteten Mutter und Tochter zur pfingstlichen Radtour ins Frankenland, ohne in Mainz Verdacht zu erregen. Eva blieb nur ein paar Wochen, solange wie ein Urlaub, dann verschwand sie nach Berlin, sicherheitshalber raus aus dem kleinen Ort. Ihre Mutter blieb mehrere Monate bei Gerschütz, als angeblicher Bombenflüchtling, doch ohne Lebensmittelkarte. Da waren die Naturalien der Bauern besonders begehrt, und da der Zahnarzt die Jagd von Stadtlauringen gepachtet hatte, kam sogar manchmal Wild auf den Tisch.

Der "Markt Stadtlauringen" ist, wie man so sagt, gutkatholisch, ein Ort, wo die Kirche viel und - bis 1933 - Gotteslästerer wenig zu sagen hatten. Erst als Hitler die Gewalt im Staate hatte, traten auch in Stadtlauringen ein paar Leute mehr als bisher der NS-Ortsgruppe bei. "Wenn die Wölfe da sind, muß man mit ihnen heulen ..." hatte ein Postbote zu Frau Gerschütz verständnisheischend gesagt. Sie erinnerte sich noch nach Jahrzehnten daran, als sie der überlebenden Tochter der befreundeten Familie Hirschberger jene Zeit schilderte. Auch den damals im Volk umlaufenden Satz "Ab nach Dachau ..." hat Anastasia Gerschütz nie vergessen. Sie wußte, was Dachau war, und hielt mit ihrem Mann dagegen, ohne Scheu und öffentlich.

Das Ehepaar Gerschütz war mit der Familie Hirschberger, den einzigen Juden im Ort, befreundet und pflegte diese Freundschaft auch, als deren Bedrängnis immer größer wurde. Das sprach sich in der Gegend herum. Als der Sohn des Zahnarztes auf dem Gymnasium

der Nachbarstadt mit "Grüß Gott!" dem Lehrer auf dessen "Heil Hitler!" antwortete, erhielt er einen strengen Verweis im Zeugnis. Das entsprach den Vorschriften der "Schülersatzung für die höheren Lehranstalten Bayerns" vom 17. September 1940, deren Artikel 12 lautete: "Dem Anstaltsleiter, den Lehrern und allen im Dienste der Schule stehenden Beamten und Angestellten sind die Schüler Achtung und Gehorsam schuldig. Ihnen den Deutschen Gruß (Hitlergruß, D.Verfasser) zu erweisen, ist für die Schüler - auch außerhalb der Anstalt - selbstverständliche Pflicht. Den Deutschen Gruß des Lehrers zu Beginn und am Ende jeder Unterrichtsstunde erwidert die Klasse stehend."
Da gab es kein "Grüß Gott" und keinen "Guten Morgen, Herr Lehrer", da gab es nur "Heil Hitler". Artikel 20 der Schülersatzung verordnete: "Die Bildung von Schülervereinigungen ist verboten." Und wer sich nicht fügen wollte? Artikel 22: "Von der Schule wird verwiesen, wer durch sein Verhalten in und außer der Schule gröblich gegen seine völkischen Pflichten, Sitte und Anstand, Gemeinschaftssinn, Zucht und Ordnung... verstößt." Das war der Untertanen-Geist, in dem eine ganze Generation erzogen wurde.

Der Zahnarzt Gerschütz und seine Frau in Stadtlauringen machten ihrem Sohn wegen des strengen Verweises im Zeugnis keine Vorhaltungen und sie gaben auch sonst dem Druck der Schule oder der Öffentlichkeit nicht nach. Sie änderten ihre freundschaftlichen Beziehungen zu den Hirschbergers nicht. Das waren strenggläubige Juden, die den Sabbat heiligten, was auch immer geschah. Am Sabbat verbietet sich dem strenggläubigen Juden jede Arbeit. Eine Nachbarin half den Hirschbergers Samstag für Samstag im Hause, bis der Ortsgruppenleiter, "ein ganz übler Nazi", wie Frau Gerschütz sich noch im hohen Alter erinnert, der Nachbarin verbot, bei der Familie Hirschberger ein- und auszugehen. Für Juden galt das Verbot, "Arier" zu beschäftigen, per se.

Die Frau des Zahnarztes Gerschütz, im Ort allseits respektiert, sprang ein und half ab sofort samstags den Hirschbergers das zu tun, was ihnen ihr Glaube am Sabbat untersagte. "Herr Hirschberger war

wirklich ein großer Mann", hat Frau Gerschütz viele Jahre nach dem Krieg dessen Tochter geschrieben. Er aß kein Fleisch mehr, seit die rituellen Schlachtungen den Juden verboten waren, auch kein Wild, das Herr Gerschütz von der Jagd mitbrachte: "Das darf ich nach dem Gesetz nicht." Als am Tage der Deportation, die vielen noch als "Umsiedlung" erschien, Frau Gerschütz den Hirschbergers als "Marschverpflegung" eine Salami mitgeben wollte, was auch verboten war, wurde die Wurst nur von Frau Hirschberger angenommen, jedoch erst nachdem Anastasia Geschütz gesagt hatte: "Das kann Ihr Gott und auch mein Gott doch nicht als Gesetzesbruch oder Sünde ansehen." Das war 1941.
Pfingsten 1943 fanden Irene und Eva Schmalenbach aus Mainz Obdach bei der Familie Gerschütz. Da deren ältester Sohn beim Militär war, galt Eva bei den Nachbarn als dessen Verlobte. Dennoch verließ die 22jährige den Marktflecken, wo keiner glauben konnte, daß sie nicht wieder zur Arbeit müsse. Aber Eva war nicht gemeldet, und wer nicht gemeldet war, den gab es nicht oder er war illegal im eigenen Land.
In Nürnberg geriet Eva in eine Kontrolle der Bahnpolizei - ohne Ausweis. Sie wurde festgenommen und zur Kriminalpolizei gebracht. Der Kripo-Beamte in der Stadt, deren Name die NS-Rassengesetze tragen, fand bei ihr einen Zettel mit den Bahnverbindungen: die Spur wies nach Stadtlauringen. Die Angst saß Eva im Nacken, der Kriminalbeamte las den Zettel, schaute sie an - und warf ihre verräterischen Notizen in den Papierkorb. Gerettet! Beim nächsten Mal solle sie besser einen Ausweis mitnehmen, meinte der Mann von der Kripo in Nürnberg.

### *Aus der Schweiz abgeschoben*

Im Herbst 1943 verließ auch Evas Mutter Stadtlauringen. Im ganzen "Großdeutschen Reich" war eine Volkszählung angesetzt, bei der sich jeder dort zu melden hatte, wo er sich am Zähltag aufhielt. Das galt auch für Evakuierte, Fliegergeschädigte und Bombenflüchtlinge, wie sich Irene Schmalenbach den Nachbarn vorgestellt hatte. Die

Mainzer Jüdin ohne Stern und ohne gültige Papiere verschwand und tauchte in München unter. Frau und Herr Gerschütz konnten nur ein zwischen Angst und Hoffnung schwankendes "Viel Glück und Auf Wiedersehen" vor der Fahrt ins Ungewisse wünschen.

So waren Mutter und Tochter unterwegs, getrennt. Jede Kontaktaufnahme war lebensgefährlich, keiner durfte den anderen gefährden. Dennoch hielten sie lose Kontakt, die Mutter aus dem Münchener Untergrund, die Tochter aus Berlin oder wo sie gerade war. Mal per Postkarte ohne Absender, mal übers Telefon, kurz und bündig.

Bei einem Aufenthalt in Würzburg faßte Eva Vertrauen zu einer Frau, die nahe der schweizerischen Grenze wohnte und sich dort auskannte. In der Schweiz lebte der Onkel, zu dem die Ausreise nicht genehmigt worden war. Sollten sie versuchen, das Leben auf der Flucht mit einem waghalsigen Sprung über die Grenze zu beenden? Was sie auch unternehmen würden, sie waren so oder so in Lebensgefahr.

Zwei Mal wechselten Mutter und Tochter heimlich die deutsch-schweizerische Grenze - zweimal wurden die deutsche Jüdin Irene Schmalenbach und ihre Tochter, die Halbjüdin Eva Schmalenbach, von eidgenössischen Zollbeamten der deutschen Grenzpolizei überstellt. Beide landeten als Häftlinge in ihrer Heimatstadt Mainz. Von dort wurde die Mutter über mehrere Leidensstationen nach Auschwitz "verbracht", wo sie im Mai 1944 umkam. Das war ein Jahr nach der pfingstlichen Radtour ins Frankenland.

Eva arbeitete - nach ihrer Verhaftung an der Schweizer Grenze - in der Mainzer Gefängnisküche. Bald nutzte sie eine Gelegenheit zur Flucht. Als die Kirchenglocken in Stadtlauringen zur vierten Kriegsweihnacht läuteten, stand Eva wieder vor der Türe der Familie Gerschütz. Das war ein Wiedersehen voller Herzlichkeit und Besorgnis gleichermaßen. Eva blieb diesmal mehrere Monate, auch wenn die Leute sich über den langen Aufenthalt der angeblichen Verlobten des Sohnes wunderten. Es gab keine Sicherheit. Deshalb fuhr Eva als angehende "Soldatenbraut" mit Sohn Arthur nach dessen Genesungsurlaub im Fronturlauberzug Richtung Innsbruck. Die "Kettenhunde" der Feldgendarmerie, wie Soldaten die Militärpolizei nannten, kontrollierten Wagen um Wagen, ließen kein Abteil aus. Wieder fuhr die Angst mit Eva.

Arthur Gerschütz war der getreue Sohn seiner Eltern: Er brachte Eva durch alle Kontrollen. In München tauchte sie unter - bis man sie verhaftete und ins KZ Ravensbrück brachte. Dort erlebte sie das Kriegsende. Die Odyssee, die sie mit ihrer Mutter in Mainz an einem Maientag mit einer Radtour begonnen hatte, war beendet. Dazwischen lagen zwei schreckliche Jahre, die sie ohne das vorbildliche Verhalten der Familie Gerschütz vermutlich nicht überlebt hätte.

****

Frau Anastasia Gerschütz wurde im hohen Alter von 87 Jahren - und posthum ihr 1949 verstorbener Mann - als "Gerechte der Völker" durch die israelische Botschaft ausgezeichnet. Im Beisein von Eva Schmalenbach sagte sie bei der Feierstunde in Würzburg im Februar 1987: "Ich hatte keine Angst." Auch der Markt Stadtlauringen ehrte seine mutige Bürgerin fast 50 Jahre nach der Tat. Einem Sohn der Geehrten, Dr. Hilmar Gerschütz, verdankt der Autor wesentliche Einzelheiten dieses Kapitels.

# Der Hitler-Junge aus dem Künstlerblock

Wolfgang Gaebler, in den 70er Jahren Büro-Leiter der Bundestags-Präsidentin Annemarie Renger, war gerade acht Jahre alt, als SA-Männer, Sturmriemen unterm Kinn, in Berlin-Wilmersdorf beim Breitenbachplatz mit einer Großrazzia Jagd auf Kommunisten und linke Intellektuelle, Sozialdemokraten und Juden machte und sie zum Abtransport auf Mannschaftswagen prügelte. "Direkt vor unserem Haus nahe dem Laubenheimer Platz stand eine Feuerwehrleiter, über die SA-Männer hochkletterten, um in die über uns liegende Wohnung zur Hausdurchsuchung einzubrechen. Ein älteres jüdisches Ehepaar stürzte sich vor der Festnahme aus dem Fenster." Beobachtungen, die für den Achtjährigen zum Schlüsselerlebnis wurden.

Der Terrorakt fand anläßlich der Reichstagswahl im März 1933, zwei Monate nach Hitlers Machtübernahme, statt. Die meisten deutschen Juden glaubten da noch, so schlimm werde es schon nicht kommen. Zahlreiche Kommunisten und Sozialdemokraten waren bereits in "Schutzhaft" oder geflüchtet. Dennoch bekam Hitlers Partei bei der berüchtigten "März-Wahl" nicht mehr als 43,9 Prozent der Stimmen. Eine absolute Mehrheit der deutschen Wähler haben die Nazis in freien Wahlen nie erreicht; trotz der sieben Millionen Arbeitslosen bekamen sie 1932 nur noch 33,1 Prozent.

Die Intellektuellen in Wolfgangs Wohnviertel waren Josef Goebbels, dem "Trommler" Hitlers in der Reichshauptstadt, seit langem ein Dorn im Auge. Es war ein besonderes Viertel, der sogenannte "Künstlerblock". Dort wohnten namhafte Schriftsteller und berühmte Schauspieler, Journalisten, Architekten und Bildhauer, die zur geistigen Elite Deutschlands jener Zeit zählten und durch Hitler die ersten deutschen Vertriebenen wurden. Ein nie verwundener Aderlaß für das deutsche Geistesleben.

Wolfgangs Mutter, die Schauspielerin Gertrud Gaebler-Janssen,

lebte in diesem Viertel in einem großen Freundes- und Bekanntenkreis nonkonformistischer Intellektueller. Alfred Kantorovicz, der Nachfolger Kurt Tucholskys als Pariser Kulturkorrespondent der "Vossischen Zeitung", einem Weltblatt der Zwanziger Jahre, hat in seinem "Deutschen Tagebuch" (Kinder-Verlag 1959) über das geistige Klima der Künstlerkolonie geschrieben. Er hat an so unterschiedliche Persönlichkeiten wie den Redakteur Walter Zadek vom liberalen "Berliner Tageblatt" und den Publizisten und Dramaturgen Axel Eggebrecht erinnert wie an Karl August Wittvogel, der als Emigrant führender Sinologe der Columbia-Universität New York wurde; an den Wirtschaftswissenschaftler Paul Massing (gleichfalls in die USA emigriert); an seinen "guten Freund und Wohnungsnachbarn" Arthur Koestler, der 1931 als einziger Journalist beim Nordpolflug im "Graf Zeppelin" war und 1940 in seinem Buch "Sonnenfinsternis" mit dem Stalinismus abrechnen sollte. Auch der berühmte Autor Theodor Plievier ("Der Kaiser ging, die Generäle blieben") wohnte dort, der Kunsthistoriker Max Schröder und der später in Amerika weltbekannt gewordene Psychoanalytiker Wilhelm Reich.
"Unsere geistigen Berater", so der 1933 vor Hitler und 1957 vor Ulbricht geflohene Alfred Kantorovicz, "waren (der ungarische Emigrant) Georg Lukacs und der Philosoph Ernst Bloch, der unsere Wohngemeinschaft im Künstlerblock teilte."

In diesem Milieu wuchs Wolfgang Gaebler auf. Übrigens auch sein Namensvetter Wolfgang Leonhard ("Die Revolution entläßt ihre Kinder") wohnte dort mit seiner Mutter Susanne, die nach ihrer Flucht vor Hitler, wie viele deutsche Kommunisten, 1937 Opfer der stalinschen "Säuberungen" in der Sowjetunion wurde.

### *Die Aktionen der Mutter*

Die Schauspielerin Gertrud Gaebler-Janssen, von ihren Freunden Gaby genannt, emigrierte nicht. Sie blieb mit ihren Kindern Wolfgang und Eva in Berlin. 1961, Jahrzehnte später, wurde die ganze

Familie (die Mutter posthum) als "Gerechte der Völker" in Jerusalem als Retter verfolgter Juden ausgezeichnet.Wolfgangs Mutter half jüdischen und nichtjüdischen Verfolgten, wo und wie immer sie konnte, und sie verbreitete illegale Flugblätter. Der Schauspieler Oskar Schättiger, mit Gaby eine Zeitlang in Gera engagiert und nach dem Kriege in Heinz Hilperts Göttinger Ensemble, wurde beim Verteilen von Flugblättern erwischt und zu vier Jahren Zuchthaus verurteilt. Zu dieser Zeit war Sohn Wolfang in Berlin ein "Hitler-Junge" besonderer Art. Seine Parole war: Besser bei der HJ zum Dienst antreten, als bei Untergrundaktivitäten auffallen. Die HJ-Uniform war die beste Tarnung.

Ehe die Deportationen der Berliner Juden begannen, waren es vor allem politisch Verfolgte, die bei Gaby Gaebler - "sie war spiritus rector der Hilfsaktionen", betont Sohn Wolfgang - auf der Flucht vor der Gestapo Schutz suchten. "So kamen zu uns meist Bekannte oder uns von zuverlässiger Seite vermittelte Leute, die kurz vor ihrer Verhaftung in die Illegalität gegangen waren. Im allgemeinen suchten sie nur für kurze Zeit Unterschlupf, um ihre Flucht ins Ausland vorzubereiten. Zwei unserer jüdischen Freunde gelang es sogar noch 1939, nach Palästina zu entkommen. Aber das war die Ausnahme."

1940 war die freiberufliche Schauspielerin Gaby Gaebler-Janssen mit ihren Kindern Wolfgang und Eva in die Güntzelstraße 46, unweit des Hohenzollerndamms, umgezogen, in eine typische Berliner Wohnung mit Kammern und Nebenräumen. "Dort konnten wir immer wieder vorübergehend illegal lebende Juden unterbringen". Elsa Hieber, eine Freundin Gabys aus gemeinsamer Theaterzeit in Magdeburg, hatte mit ihrer Tochter Franziska ihre Wohnung in Berlin-Schmargendorf aufgeben müssen und war mit in die Güntzelstraße gezogen; als Angehörige einer "privilegierten Mischehe" entsprechend den Nürnberger Gesetzen auf ihre Auswanderung nach Schweden hoffend. Daraus wurde nichts. Hatte sie das Einreisevisum in das neutrale Königreich, fehlte das Ausreisevisum aus dem "Dritten Reich". Mal so, mal so. Die Bürokraten siegten. 1944 wurden Mutter und Tochter nach Theresienstadt deportiert. Franziska

Hieber, Tochter einer Jüdin und eines "arischen" Theaterkritikers, überlebte. Die Mutter nicht.
Der Hitlerjunge aus dem roten Künstlerblock spielte den "braven deutschen Jungen", wenn er - das Führer-Wort an die HJ im Hinterkopf - "flink wie ein Windhund, hart wie Krupp-Stahl und zäh wie Leder" in riskanten Situationen Koffer oder Taschen von versteckten Juden aus der mütterlichen Wohnung ins nächste, illegale Quartier brachte. "Dabei mußte ich immer damit rechnen, daß die Gestapo schon vorher da war." Eiserne Disziplin war für alle Beteiligten oberste Maxime. Die Illegalen durften nicht einmal auf der Straße frische Luft schnappen - man hätte sie erkennen und verraten können.

Jede Großstadt kann ein Dorf sein. Wolfgang mußte auf seinen gefährlichen Kurierwegen zwischen Schulzeit und HJ-Dienst höllisch aufpassen und durfte keinem vertrauen, den er nicht kannte. Die größte Gefahr brachten die Bomben-Nächte. Alle Hausbewohner mußten in den Keller, die Wohnungstüren waren geöffnet für den Luftschutzwart. Er hätte in Gaeblers Wohnung die Versteckten entdecken können. Sie konnten nicht im Keller Schutz suchen.

Ein festes Engagement hatte die Schauspielerin Gaebler-Janssen nicht. Hin und wieder konnte sie bei einer Tournee mitwirken. Dazu besaß sie einen "Wanderpersonalausweis", mit dem sie am jeweiligen Ort auch die Lebensmittelkarte beziehen konnte. Gaby, wie man sie nannte, gab den Wander-Ausweis einer befreundeten Jüdin, die von da an unter dem Namen "Gertrud Gaebler-Janssen" in einer Laubenkolonie von Berlin-Karlshorst Krieg und Verfolgung überleben konnte. Wolfgang Gaebler zum Autor: "Ich erinnere mich noch so, als ob es heute wäre, wie der Mann dieser Jüdin, ein Grafiker, kunstfertig unter der Lupe den fehlenden Stempelausschnitt auf das neu in den Ausweis montierte Bild auftrug." Todesmut im Schrebergarten des Überlebens wegen.

Soweit die Geschichte des "Hitlerjungen aus dem roten Künstlerblock". Die Geschichte wäre unvollständig, würde nicht auch von seiner drei Jahre älteren Schwester Eva berichtet. Sie war Kostümbildnerin und kam 1942 an das "Stadttheater Lublin" im Südosten Polens. Das unterstand einem deutschen "Stadthauptmann", wie die aus dem österreichischen für das "Generalgouvernement" übernommene Amtsbezeichnung lautete. Zwar lag nicht weit von Lublin das Vernichtungslager Maidanek, doch die neuen Herren, welcher Formation oder Waffengattung sie auch angehörten, wollten auf deutsche Kultur nicht verzichten. Das Theater Lublin, an dem die zwanzigjährige Eva Gaebler hinter den Kulissen als Kostümzeichnerin wirkte, hatte 32 polnische Arbeitskräfte, davon zwei Verwaltungsangestellte. Hier lernte Eva die Polin Rena Szipiorsky als "Hausgehilfin" kennen. Rena war eigentlich Lehrerin, und sie war Jüdin.

Die Wege Renas und Evas trennten sich, als die Berlinerin von Lublin an ein Theater nach Warschau kam, wieder in der Kostümschneiderei arbeitete. Eines Tages stand Rena vor Evas Türe. Das Lubliner Ghetto war "aufgelöst", d.h., die Juden waren zur Vernichtung abtransportiert worden. Rena war geflohen und den Henkern entkommen. Der einzige Mensch, zu dem sie Vertrauen hatte, war Eva Gaebler aus Berlin, die sie in Warschau suchte und fand.

Rena wurde nicht enttäuscht. Eva handelte, wie sie es von ihrer Mutter gelernt hatte: Sie besorgte der polnischen Lehrerin Eva Szipiorsky einen polnischen Personalausweis ohne Hinweis auf ihre jüdische Abstammung, gültig für das Generalgouvernement. Damit meldete sich, todesmutig, die so zur Vollblut-Polin umgeschriebene Rena bei den deutschen Behörden: Zum freiwilligen Einsatz als Fremdarbeiterin in Deutschland.

So entging Rena Szipiorsky mit Eva Gaeblers Hilfe erstens jeder "Dienstverpflichtung" als Zwangsarbeiterin und zweitens der damit verbundenen Überprüfung ihrer Papiere.

Nachtrag:

Der Kreis schließt sich. Wolfgang Gaebler ist wieder an der Reihe. Er hatte 1943 an der Berliner Fichte-Schule Abitur gemacht und war wenige Monate später eingezogen worden. Die Luftangriffe häuften sich, die Russen hatten die Kriegswende an der "Ostfront" geschafft, die Amerikaner waren in Süditalien gelandet, in Teheran berieten Stalin, Roosevelt und Churchill über das Schicksal Deutschlands nach Hitler, und in Berlin wurde der Ufa-Film "Gefährlicher Frühling" mit Olga Tschechowa und Winnie Markus uraufgeführt. In diesen Tagen ging der 18jährige Soldat Wolfgang Gaebler in Berlin ins Kino: in Begleitung von Rena, der von seiner Schwester Eva geretteten jüdischen Lehrerin aus Lublin, die nun freiwilllige Zivilarbeiterin in der Reichshauptstadt war.

****

Der Schauspieler Walter Stoll, der spätere Mann von Eva Gaebler, hat die Aktivitäten seiner Frau zugunsten der Bedrohten voll unterstützt. Er wurde 1961 in der Gedenkstätte Yad Vashem im Beisein des ersten deutschen Botschafters in Israel, Klaus Schütz, ebenfalls mit der Medaille "Gerechte der Völker" ausgezeichnet.

# Die Waschfrau, die sich schuldig fühlte

> "Wenn man diese Menschen gesehen hat, mit dem gelben Stern am Mantel und dem todtraurigen Blick, da fühlte man sich doch selbst schuldig."

Herta Fuchs, Waschfrau aus Oberpoyritz bei Dresden, die mit ihrem Mann Kurt Fuchs im Februar 1945 drei geflüchteten jüdischen Zwangsarbeitern in ihrem Haus Unterschlupf gewährte.

****

Herta Fuchs verdiente ihr Geld als Wäscherin in den Häusern der besseren Leute von Pillnitz, etwa zehn Kilometer hinter Dresden, wo die Elbe sich durch die Berge windet. Dort hat der kurfürstliche Baumeister Matthäus Daniel Pöppelmann Anfang des 18. Jahrhunderts für August den Starken ein barockes Lustschloß errichtet. Herta, die Wäscherin, wuchs 200 Jahre später nicht weit davon auf. Sie war kein sonderlich schönes Mädchen und vielleicht deshalb besonders ehrsam und fleißig. "Hübsch war ich nie und ich weiß eigentlich nicht, warum Kurt mich geheiratet hat. Er war für mich der Schönste von allen."

Kurt Fuchs, der das Schlosser-Handwerk erlernt hatte, und Herta waren fast gleichaltrig. Sie waren, wie man landläufig sagt, brave Leute und sie ernährten sich redlich. Die Ehe der Waschfrau und des Schlossers im Elbtal hinter der schönen und reichen Stadt Dresden blieb kinderlos. Kurt war von kränklicher Natur und deshalb bei der Musterung von den Stabsärzten der Wehrmacht "nicht kv." (das bedeutete "nicht kriegsverwendungsfähig") geschrieben worden. Er absolvierte einen Sanitätskurs, um auf diese Weise wenigstens seine Pflicht als Helfer in der Not leisten zu können.

Kurt Fuchs wurde am 12. Mai 1945, drei Tage nach der bedingungslosen Kapitulation Deutschlands, von der Gestapo in seinem Dorf hinter Dresden öffentlich hingerichtet: Erschossen, das heißt ermordet. Da war er 37 Jahre alt. Mit ihm getötet wurde der jüdische Zwangsarbeiter Josef Szwajcer aus Polen. Das geschah zwölf Tage nach Hitlers Selbstmord. Die Hinrichtung geschah, als amerikanische und russische Soldaten sich bei Torgau an der Elbe, gut achtzig Kilometer stromabwärts, stolz und glücklich über ihren Sieg in die Arme gefallen waren. Obwohl der Krieg zu Ende war, wurden der Deutsche Kurt Fuchs und der polnische Jude Josef Szwajcer von der Gestapo ermordet.

Ein anderer jüdischer Zwangsarbeiter, Abraham Sztaier, konnte in letzter Minute flüchten. Er hat fast 50 Jahre später als Rechtsanwalt in Tel Aviv die Ehrung von Kurt und Herta Fuchs durch Yad Vashem eingeleitet. Im Oktober 1995 erzählte der britische "Guardian" seinen Weekend-Lesern die Geschichte eines anderen Überlebenden. Das war die Schicksals-Story des aus Polen stammenden und nach England emigrierten bildenden Künstlers Roman Halter. Es war ein Teil der Geschichte von drei jüdischen Zwangsarbeitern, die in den letzten Monaten des Krieges in einem Dorf bei Dresden von dem deutschen Ehepaar namens Fuchs versteckt und aufgenommen worden waren. Das war für die Leser des "Guardian" eine schier unglaubliche, jedoch wahre Geschichte aus Deutschland, eine Geschichte, die ein halbes Jahrhundert lang keiner wissen wollte.

### *Als die schöne Stadt Dresden im Bombenhagel versank*

Die schöne und reiche Stadt Dresden, ihrer Kunstschätze, Kirchen und Schlösser wegen als "Elbflorenz" gepriesen, versank auf Befehl des britischen Luftmarschalls Harris am 13. Februar 1945, in der Nacht vor Aschermittwoch, im Bombenhagel von 245 viermotorigen Lancaster-Maschinen des 5. RAF-Geschwaders in einem einzigen Flammenmeer. Über 320 Kilometer weit sahen die nachfolgenden Bomber-Piloten den Feuerschein. Mehr als 25 000 Menschen kamen ums Leben, darunter viele tausend Flüchtlinge, die vor der Roten Armee ihre Heimat im Osten verlassen hatten. Opfer des Infernos wurden auch ungezählte Fremdarbeiter und Ostarbeiterinnen aus Polen und der Sowjetunion. Erich Kästner, gebürtiger Dresdner, schrieb in sein Tagebuch: "Man geht durch die Trümmer, als liefe man durch Sodom und Gomorrha." Das war wenige Tage nach dem Treffen der "Großen Drei" Roosevelt, Churchill und Stalin in Jalta. Der Sieg über Hitler war nahe. Der Angriff auf Dresden militärisch sinnlos.

Jüdische Zwangsarbeiter aus dem KZ-Außenlager Nr. 457 bei Dresden waren bis zu dieser verheerenden Bombennacht in einer Munitionsfabrik in der Schandauer Straße 68 eingesetzt. Als die Stadt vernichtet war, lag auch diese Fabrik in Trümmern. Die Zwangsarbeiter mit dem gelben Stern, "Arbeitsjuden", wie sie genannt wurden, mußten nun, wie nichtjüdische KZ-Häftlinge, Fremdarbeiter und alliierte Kriegsgefangene die vielen Toten aus den rauchenden Ruinen einsammeln. Auf dem Altmarkt brannten zwei Wochen lang die Leichenberge, damit es keine Seuchen gab. Viele Keller blieben Gräber.

Auch Roman Halter, Josef Szwajcer und Abraham Sztaier, drei von 500 jüdischen Zwangsarbeitern aus dem KZ-Außenlager Nr. 457, mögen in der Nacht des Feuers und der Scheiterhaufen auf dem Altmarkt an Sodom und Gomorrha gedacht haben. Als Ende Februar ihr KZ aufgelöst wurde, waren sie zur Flucht entschlossen.

Ein langer Zug von Elendsgestalten verließ unter SS-Bewachung die qualmenden Ruinen der einst so reichen und schönen Stadt Dresden. Auf den Straßen war viel Volk unterwegs, in Zivil und in Uniformen; von der Ostfront an die Elbe strömende deutsche Soldaten, von denen manche noch der Propaganda glaubten, sie würden bald mit den Amerikanern gegen den Bolschewismus kämpfen; auch Deserteure waren darunter, Hitlerjungen und Volkssturm-Männer, Hitlers letztes Aufgebot. Und immer wieder Flüchtlinge, solche, die vor den Bomben der Alliierten und andere, die vor der Rache der Russen geflohen waren. Und nicht zu übersehen der Todeszug der Juden aus dem aufgelösten KZ-Außenlager Nr. 457 auf dem Marsch ins Nirgendwo.

Nicht weit von Pillnitz, wo der Brandgeruch Dresdens noch in der Luft lag, flüchteten drei Tage nach Auflösung des KZ-Lagers Nr. 457 mehrere der jüdischen Häftlinge. Sie rissen die gelben Sterne von ihren Kitteln und Lumpen und suchten Hilfe und Obdach. Niemand vermag zu sagen, warum drei der geflohenen "Arbeitsjuden" ausgerechnet den Weg zu Herta und Kurt Fuchs fanden.

Die Waschfrau und der Schlosser erbleichten vor Schreck, als sie die drei erbärmlichen Gestalten vor sich sahen. Sie stellten keine Fragen, sondern nahmen sie in ihrem Haus auf, als gäbe es weder SS noch Gestapo und auch keine Denunzianten.

Roman Halter, der 50 Jahre später dem "Guardian" davon erzählte, hat sich oft gefragt: "Warum haben sie uns versteckt? Sie konnten damit überhaupt nichts gewinnen. Würde ich selbst den Mut aufbringen, die Stärke an Menschlichkeit, einen anderen Menschen zu retten? Würde ich mein Leben aufs Spiel setzen für einen Fremden ? Es war damals jedem Deutschen klar, daß das Verstecken von Juden mit dem Tode bestraft wurde."
Herta und Kurt Fuchs wußten, was sie taten, und sie taten es dennoch.

Zwei Monate blieben die drei Geflohenen im Haus und auf dem Grundstück der Eheleute Fuchs. Als sich ihr Aufenthalt herumgesprochen hatte, halfen sie einem Bauern im Dorf bei der Frühjahrsbestellung. Das Ehepaar Fuchs hatte einen Garten, in dem es viel zu tun gab; im sechsten Kriegsjahr waren Kartoffeln, Radieschen und Möhren begehrter als die schönsten Blumen, die Herta früher so gerne gepflanzt hatte.

Im Garten gab es eine Laube, die als Unterkunft recht gut geeignet war. Dort und im Haus konnte man vielleicht überleben, wenn nicht der Dorftratsch sich mehr und mehr der drei Fremden bemächtigt hätte. Woher mögen sie gekommen sein? Was treibt die Fuchs mit den Kerlen im Haus? Ihr Mann ist doch nur ein halber Kerl, das weiß doch jeder. So etwa wurde gequatscht und geredet, nicht zu vergessen, daß die Männer der meisten Frauen irgendwo Soldat, verwundet oder vermißt, wenn nicht gefallen waren. Und bei der Herta nebenan waren drei fremde junge Männer im Hause, die sie auch noch füttert, obwohl die Lebensmittel knapp sind.

Es dauerte nicht lange, da wurde es offen ausgesprochen: Das sind Juden, die - weiß der Himmel wo? - abgehauen sind und von der Polizei gesucht werden. Herta Fuchs, die die ausgemergelten Burschen mit anderer Kleidung und dem Allernotwendigsten versorgt hatte, hielt den Gerüchten, sie habe Juden im Haus, entgegen: "Das sind keine Juden, das sind polnische Fremdarbeiter, und katholisch sind sie auch." Eine Million Polen waren schon 1940 ins Reich zur Arbeit verpflichtet worden. Diese drei, so erzählte Herta den neugierigen Nachbarinnen, hätten ihre bisherigen Arbeitsstellen infolge der dramatischen Kriegsereignisse verlassen müssen. Manche im Dorf glaubten das - andere nicht. Das Mißtrauen blieb und überlebte den Krieg.

Am 7. Mai um 2.41 Uhr unterzeichnete Generaloberst Jodl im Hauptquartier von US-General Dwight D. Eisenhower in Reims die bedingungslose Kapitulation der deutschen Wehrmacht. Am nächsten Tag waren die Russen in Dresden und am 9. Mai unterschrieb Generalfeldmarschall Keitel in Berlin-Karlshorst die Kapitulations-Urkunde im Hauptquartier der Sowjetarmee. Ebenfalls am 7. Mai hatte sich in einem Dorf bei Pillnitz an der Elbe der untergetauchte ehemalige jüdische Zwangsarbeiter Roman Halter, der gerade 17 Jahre war, auf den Weg zurück in seine polnische Heimat gemacht. Daran hatte er seit seiner Verschleppung nicht mehr glauben können, weder in der Munitionsfabrik noch im KZ-Arbeitslager Nr. 457. Auf diesen Tag der Freiheit und des Lebens hatte er über zwei Monate bei Herta und Kurt Fuchs zwischen Angst und Bangen trotz allem gehofft.

*So hatte das keiner gewollt*

Roman Halter war einer von Millionen, die in diesem heißen Mai des Jahres 1945 über die Straßen Deutschlands und Europas zogen. Wenn ein Imperium zusammenbricht, geht es drüber und drunter. Auch Hitlers "Großdeutsches Reich" versank im Chaos. Kriegsgefangene, Häftlinge, Fremdarbeiter und Zwangsverschleppte - zehn Millionen Fremde waren im Reichsgebiet als Arbeitskräfte eingesetzt, die nun ihre Befreiung erlebten. Vor dem Tor zur endgültigen Heimkehr standen wieder Lager; Sammellager der Sieger für verschleppte Personen (DP's). Hier gab es Befragungen und Registrierungen. Viele machten sich allein auf den Heimweg und nahmen sich, was sie brauchten: Verpflegung und Kleidung, Fahrräder und Fahrzeuge. Plünderungen waren nicht selten in diesen chaotischen Tagen.

Auch in dem Dorf bei Pillnitz, wo Herta und Kurt Fuchs lebten und Abraham Sztaier und Josef Szwajcer waren, kam es - angeblich oder tatsächlich - in den Tagen nach der Kapitulation zu Plünderungen. Für die meisten im Dorf war das Urteil einhellig: Das waren die Polen, die Juden. Egal, was sie waren, nur die Fremden konnten geplündert oder gestohlen haben. Ob jemand die Gestapo- bzw. SS-Männer extra geholt hat oder ob diese auf der Flucht waren und zufällig ins Dorf kamen, ist nicht mehr feststellbar gewesen und letztlich auch unwichtig: Sie holten Klaus Fuchs und die beiden Juden aus dem Haus und führten sie zur standrechtlichen Erschießung ab. Das war am 12. Mai 1945, vier Tage nach dem Ende des Krieges.

Abraham Sztaier, der zur Erschießung neben Fuchs und Szwajcer schon niedergekniet war, entkam dem Mörderkommando nur deshalb, weil unter den Dorfbewohnern Tumulte ausbrachen über die Hinrichtung vor aller Augen. Was während des Krieges tausendfach in Europa geschehen war, hatte das Dorf bei Pillnitz an der Elbe noch nicht erlebt. So hatte das keiner gewollt.

Herta Fuchs hat ihren Mann in ihrem eigenen Garten begraben müssen, weil sie nicht einmal einen Karren für den letzten Gang zum Friedhof auftreiben konnte. Niemand im Dorf war da, der ihr half. "Sie war um Jahre gealtert, als ich sie nach wenigen Monaten wiedersah", erinnerte sich Roman Halter, der 17jährige Junge, der am Tage der deutschen Kapitulation nach Polen heimgekehrt war. Er war im Sommer 1945 noch einmal in jenes Dorf bei Pillnitz gekommen, um Dank zu sagen, ehe er nach England auswanderte, weil es in Polen keine Menschenseele mehr gab, die ihn lebend hätte erwarten dürfen.

Herta Fuchs war allein geblieben, und ihr Ruf im Dorf war dahin. Manche nannten sie eine "Judenschlampe", wie ein Reporter der "Sächsischen Zeitung" noch nach Jahrzehnten im Ort erfahren mußte. Sein Bericht über Herta Fuchs, die da schon über 85 war, hatte den Titel: "Der Fluch der guten Tat." Das war im Juli 1994.

Die Witwe Fuchs hatte nach dem Kriege in ihrem Dorf wahrlich kein leichtes Leben. Dabei war sie auf Vorschlag der nur noch sehr kleinen Jüdischen Gemeinde Dresdens als "Opfer des Faschismus" sofort anerkannt worden. Zudem trat sie, obwohl gläubige Christin, der KPD (ab 1946 SED) bei, weil sie glaubte, so am besten daran mitwirken zu können, daß sich nicht wiederholen möge, was unter Hitler geschehen war. Als sie jedoch ein paar Päckchen aus dem Westen Deutschlands bekommen hatte, wohl von geflüchteten Sachsen, die sich der ehemaligen Wäscherin erinnerten, wurde ein förmliches Parteiausschlußverfahren "wegen verbotener Westkontakte" gegen sie angestrengt. Da trat sie lieber selbst aus der SED aus. In der hatten sich auch ehemalige Nazis, so der einst besonders fanatische NS-Ortsgruppenführer, dessentwegen sie die Juden als "polnische Katholiken" ausgegeben hatte, wiedergefunden. "Die ehemaligen Parteigenossen wollten nun auch als kommunistische Genossen lieber unter sich sein."

Das war der Kommentar der Herta Fuchs aus Oberpoyritz bei Dresden, deren Mann vier Tage nach Kriegsende von der Gestapo erschossen wurde mit einem jungen Mann aus Polen, dessen alleinige Schuld darin bestand, daß er ein Jude war.

Nachtrag:

Im Februar 1996 gab es im Kultur-Rathaus der - wieder recht schönen, wenn auch nicht reichen - Stadt Dresden einen festlichen Empfang zur Ehrung von Herta Fuchs. Ministerpräsident Biedenkopf gratulierte der ehemaligen Wäscherin, eine Ausstellung "The Holocaust-Series" des jüdischen Malers Fritz Hirschberger umrahmte die Feier und ein Chor sang jiddische Lieder - fast auf den Tag mehr als ein halbes Jahrhundert, nachdem drei geflohene jüdische Zwangsarbeiter in einem Dorf bei Pillnitz Unterschlupf gefunden hatten. "Die Gerechten in Deutschland haben die Seele Deutschlands gerettet," sagte der israelische Botschafter und der Dresdner Oberbürgermeister versprach Herta Fuchs, die mit 87 Jahren in Pillnitz in ärmlichen Verhältnissen lebte, endlich eine bessere Wohnung. Da habe, so wurde berichtet, die alte Frau sich sehr gefreut und aus dem Fenster auf die schöne Stadt Dresden geschaut, woher damals die drei armseligen Gestalten mit dem gelben Stern und dem todtraurigen Blick in ihr kleines Haus mit der Laube im Garten gekommen waren und sie sich selbst fast schuldig gefühlt hatte. Dann bekam sie Urkunde und Medaille als eine "Gerechte unter den Völkern". Roman Halter und Abraham Sztaier hatten bezeugt, daß die Geschichte ihrer Rettung eine wahre Geschichte aus Deutschland ist.

# Der Konzernchef, seine Freunde und "Nathan der Weise"

| | |
|---|---|
| Motto: | "Was will der Sultan? Was? Ich bin auf Geld gefaßt, und er will - Wahrheit - Wahrheit!"<br>(Nathan der Weise, G.E. Lessing 1780) |
| Tempelherr: | "Jude, was erdreistet Dich, so mit mir zu sprechen?" |
| Nathan: | "Ah, wer einen Menschen aus dem Feuer rettet, bringt keinen ins Feuer."<br>(Lessing, Entwurf "Nathan der Weise") |

Die Manager des deutschen Elektrokonzerns, mit dessen Zündkerzen die bekanntesten Automarken ausgerüstet wurden, nannten den jüdischen Gelehrten Leo Baeck, Freund des Firmenchefs Robert Bosch, in ihrem Kreis "Nathan den Weisen". Ob die beiden unterschiedlichen Persönlichkeiten philosophische Gedanken austauschten, erscheint heute weniger bedeutsam, als daß sie in der politischen und moralischen Abwehr des nazistischen Ungeistes übereinstimmten. Bosch, dessen Vater auf der Schwäbischen Alb Mitte des 19. Jahrhunderts seinen "Gasthof zur Krone" als Treffpunkt freisinniger Geister verstand, hatte 1887 einen elektrischen Magnetzünder entwickelt. Schon um 1900 belieferte er Daimler, Fiat, Opel und Horch, nachdem ein Daimler-Automobil mit "Boschzündung" 1895 das Straßenrennen Paris - Bordeaux - Paris - gewonnen hatte. Bei 24,5 Stundenkilometern.

Die Geschwindkeit, mit der Boschs Firma sich entwickelte, entspricht dem Zeitalter des Automobils. 1910 startete das erste Flugzeug mit Bosch-Zündung; Graf Zeppelin war schon vordem sein

Kunde. Bosch war nicht nur Techniker und Unternehmer. Die gesellschaftspolitische Entwicklung geriet ihm zeit seines langen Lebens nie aus dem Blick. Entsetzt war er von der Nachricht der Ermordung des demokratischen Außenministers Walter Rathenau.

Dessen Vater hatte Ende des Jahrhunderts Edisons Elektro-Patente nach Deutschland geholt und die AEG begründet. Firmen-Präsident war seit 1915 der Schriftsteller und Wirtschaftsanalytiker Walter Rathenau, der 1922 als "Erfüllungspolitiker" des Versailler Vertrages das Opfer rechtsradikaler, antisemitischer Mörder wurde. Ein Fememord, der die erste deutsche Republik aufwühlte. Robert Bosch trat dem "Verein zur Abwehr des Antisemitismus" bei.

Gleich ihm wurde Hans Walz Mitglied, sein engster Mitarbeiter, ein Mann, der in seinem Sinne und aus eigener Überzeugung "Menschen vor dem Feuer rettete". Dazu war nicht so sehr, wie zwischen Lessings "Nathan" und "Saladin", die Suche nach der Wahrheit entscheidend - daß Hitlers Politik verlogen und verbrecherisch war, wußte man im "Bosch-Kreis" vorher -, dafür war neben der Moral vor allem Geld nötig: "So bar, so blank, als ob die Wahrheit Münze wäre." (Nathan)

Die Wahrheit ist, daß bald die legale Ausreise aus Hitlers Reich viel Geld kostete; jeder Paß, jedes Visum. Nach der "Kristallnacht" mußten die Opfer eine Milliarde Reichsmark "Strafe" zahlen, jüdische Vermögen wurden gesperrt und konfisziert, jüdisches Eigentum "arisiert", und eine "Reichsfluchtsteuer" erschwerte die Emigration.

Das freundschaftliche Verhältnis zwischen Robert Bosch und Leo Baeck, dem jüdischen Gelehrten, wurde nach Hitlers Machtantritt auf den engeren "Bosch-Kreis", trotz zunehmenden Drucks, erweitert. 1935 wurde Baeck Vorsitzender der (umbenannten) "Reichsvereinigung der Juden in Deutschland", da es die "Reichsvertretung der deutschen Juden" nicht mehr geben durfte, weil es im Land der "Arier" keine "deutschen" Juden geben konnte. Bosch richtete ein internes "Wohlfahrtskonto II" ein, um jüdisches Eigentum zu sichern und Ausreisen zu ermöglichen. Später waren es im wörtlichen Sinne "Walz-Gelder", die Direktor Walz mit Boschs Rückendeckung für lebensgefährliche Transaktionen zur Rettung von Menschenleben auf den Weg brachte. Nur wenige wußten davon - nur ganz wenige durften es wissen.

So konnte Theodor Heuß, der erste Bundespräsident, in seiner umfangreichen Biographie "Robert Bosch, Leben und Leistung" von dessen Hilfe für Verfolgte keine Notiz nehmen. Heuß schrieb die Lebensgeschichte Boschs, der am 14. März 1942 verstarb, auf dessen Wunsch. Gedruckt wurde sie 1946. Da erschienen im zerstörten Deutschland die ersten Bücher bei Rowohlt im Rotationsdruck, ohne Einband, wie Zeitungen. Der Lesehunger war groß, als die im Mai 1933 auf den Scheiterhaufen geworfenen Werke der "verbrannten Dichter" wieder gedruckt werden konnten. Die belogene junge deutsche Generation entdeckte, daß die ungleichen Brüder Heinrich und Thomas Mann, als "Judenknechte" diffamiert wie so viele andere deutsche Dichter und Denker, das geistige Deutschland in der Emigration über die Zeit gerettet hatten, während auf deutschen Bühnen Schillers "Sire, geben Sie Gedankenfreiheit!" (Don Carlos) spontanen Beifall auslöste oder gestrichen worden war. Hätte Heuß enthüllen können, daß der Konzernchef Robert Bosch Juden retten ließ - damals wäre es eine heilsame Offenbarung gewesen.

Den Zusammenbruch des Reiches vor Augen, schrieb Heuß 1945: "Eine Erscheinung von der schöpferischen Kraft wie Robert Bosch, erziehend, warnend, weisend, in aller Bedingtheit der individuellen Eigenart" sei "als Vorbild und als schwäbischer Genius eine Möglichkeit des deutschen Seins." Streicht man das Pathos, bleibt der nachhaltige Eindruck, daß Robert Bosch nicht nur ein wortkarger Mann mit Charisma war, sondern rechtschaffen dachte und handelte, entsprechend der Maxime seines schwäbischen Großvaters, "Mensch zu sein und die Menschenwürde zu achten." Er war "Freigeist", wie sein Vater einer war, verankert im liberalen Denken des deutschen Südwesten, von wo der Blick ins republikanische Frankreich ging und der gestrenge preußische Obrigkeitsstaat weit weg war.

Mit dem Rabbi Leo Baeck war Bosch Freund, mit dem stockkonservativen Ostpreußen Carl Goerdeler verband er sich wegen dessen Bedenken gegen Hitler. Goerdeler, 1937 als Leipziger Oberbürgermeister amtsenthoben und nach dem kläglich gescheiterten Attentat des Grafen Stauffenberg vom 20. Juli 1944 als Mitverschwörer hingerichtet, wurde ab 1938/39 bei Bosch, vertraglich abgesichert, "Berater". In dieser Rolle konnte er auf Geschäftsreisen für das weltweit operierende Unternehmen das Ausland über die verbotene deutsche Opposition und die Verfolgung der Juden informieren. Er sprach mit Wallenberg in Schweden, mit dem belgischen König, mit Winston Churchill, und er warnte in Paris vor dem Ungemach, das sich über Europa zusammenbraute. Damit setzte er Boschs Linie fort, als es längst lebensgefährlich geworden war, gegen Hitlers Regime zu agieren.

In den zwanziger Jahren war Bosch mit der "Pan-Europa-Union" des Grafen Coudenhove-Kalergi eng verbunden, hatte mit dem französischen "Autokönig" Renault über Möglichkeiten eines deutsch-französischen Ausgleichs gesprochen. Seit 1926 förderte er die deutsch-amerikanischen Beziehungen mit der "Carl-Schurz-Gesellschaft", in Erinnerung an den rheinischen Journalisten und Revolutionär, der nach dem badischen Aufstand von 1849 auf einem Fracht-Segler nach New York emigriert war und dessen steile politische Karriere auf der Seite Abraham Lincolns im Sezessionskrieg gegen die Sklaverei begann. In diesem Sinne entschied Bosch, jenen zu helfen, die Hitler zur Emigration zwang, den deutschen Juden. Er tat es unauffällig, mit Geld und mit seinen Auslandsverbindungen. "Bosch-Filialen" gab es nicht nur in Europas Hauptstädten, auch in New York und anderswo.

Als Hitler, finanziell unterstützt von der rheinisch-westfälischen Schwerindustrie, Reichskanzler wurde, war Bosch 72 Jahre alt und sein Name weltweit bekannt. Mit 15 hatte der "Bub von der Alb" die Schule verlassen, Feinmechaniker gelernt, 1883 Elektronik an der

Hochschule studiert, ehe er in New York bei den Edison Machine Works und in London bei Siemens Brothers und anderen Elektrofirmen arbeitete. In Stuttgart waren ihm die Sozialisten Karl Kautzky und Clara Zetkin begegnet, in den USA amerikanische Gewerkschafter. Seiner Verlobten Anna Kayser schrieb er aus New York: "Ich bin Sozialist."
Sein menschliches Engagement trug ihm später den Ruf eines "Linken Konservativen" ein. Sein betriebliches Sozial- und Bildungssystem für mehrere zehntausend Bosch-Mitarbeiter war mustergültig. Konsequenterweise ist seine Firma der einzige deutsche Großbetrieb, der jüdische Mischlinge vor dem Holocaust gerettet hat. Als verboten wurde, "Juden-Mischlinge als Angestellte" zu beschäftigen, wurden sie bei Bosch "Arbeiter" in einer neuen Abteilung für kriegswichtiges Autozubehör. Das rettete sie. Der Einsatz jüdischer Zwangsarbeiterinnen wurde von der Konzernleitung rundweg abgelehnt; im Gegensatz zu anderen Industriebetrieben, wovon einige Kapitel dieses Buches erschreckend Zeugnis geben.

Nazi-Gauleiter Murr wetterte gegen die "Nebenregierung bei Bosch". Schon 1938 hatte man dort für das Zögern in Paris und London gegenüber Hitlers aggressiver Politik kein Verständnis. Walz notierte, "die von der nationalsozialistischen Regierung begangenen Schändlichkeiten redeten doch wahrhaftig eine allzu fürchterliche Sprache - man denke an die Kirchenunterdrückung, an die Überaufrüstung - nicht zuletzt an die Juden-Verfolgungen."

Im "Bosch-Kreis" war man bald überzeugt, daß Hitler nicht mehr zu stürzen war. So entschloß man sich zur "Hilfe im Einzelfall". Da waren die jüdischen Ärzte im "Robert-Bosch-Krankenhaus", das 1936 zum 50jährigen Bestehen der Firma gestiftet worden war und der Bio-Medizin und Homöopathie besonderen Stellenwert einräumte. Bosch sorgte dafür, daß die jüdischen Ärzte und ihr Eigentum gesichert wurden. Im gleichen Jahr verboten die Nazis den von ihm finanzierten "Verein zur Förderung der Volksbildung". Das war eine vielseitige Bildungseinrichtung samt einer eigenen Musik-Schule.

Der angesehene Musikpädagoge Karl Adler mußte 1933 das Konservatorium verlassen. Da alle Interventionen vergeblich blieben, wurde der Fall zum Anlaß, konkrete Hilfe für Verfolgte vorzubereiten. Der Musikprofessor übernahm die Leitung der von Martin Buber 1934 gegründeten "Mittelstelle jüdischer Bildungseinrichtungen", die infamerweise von der Gestapo mit der Beschleunigung der Emigration der Stuttgarter Juden beauftragt wurde. Das waren 1933 etwa 4500 Personen - bei Kriegsbeginn war nur noch die Hälfte da. Die ärmeren Leute konnten nicht "auswandern", die Zahl der Selbstmorde stieg, wie ein SD-Bericht vermerkt hat. Adler wurde verhaftet, doch 1939 offiziell zum "Jüdischen Weltkongreß" ins Ausland entsandt. Die Gestapo erwartete Informationen über das "Weltjudentum" aus erster Hand. Boschs Vertrauter Walz allerdings hatte den befreundeten Musikprofessor finanziell abgesichert. 1940 konnte er über Lissabon in die USA fliehen.

Zum Firmenjubiläum 1936 hatte Adler an Robert Bosch über seine Entlassung als Musiklehrer geschrieben: "Ich mußte gehen, trotzdem ich Frontkämpfer, Kriegsverletzter war - denn ich bin Jude."
Nach dem Kriege berichtete er aus New York über eine dramatische Rettungsaktion, die ohne die finanzielle Hilfe nicht möglich gewesen wäre.

Wenige Tage vor Kriegsbeginn wollte die Gestapo eine Gruppe Stuttgarter Juden, deren Ausreise schon sicher schien, nicht mehr über die Grenze lassen. Sie hatten weder Transportmittel noch Geld für die Kosten. Adler hatte eine rettende Idee. Er verlangte einen Gefangenen-Transportwagen für die Fahrt nach Kehl am Rhein, zur Grenze. Der Kostenvoranschlag für die "grüne Minna" mit den vergitterten Fenstern war ungewöhnlich hoch. Adler: "Es gab nur einen Ausweg: Hans Walz."
Nach einer Stunde hatte Adler das Geld, über Boschs Baurat Fischer und Dr. Theodor Bäuerle, der den Volksbildungsverein geleitet hatte. Außer dem notwendigen Betrag erhielt Alder eine "Summe für Unvorhergesehenes." Der "Gefangenenwagen" konnte fahren, unter Polizei- und SS-Bewachung zur französischen Grenze. Nach Prügeln

und Schmährufen erreichten die Flüchtlinge Frankreich. Sie waren gerettet. Manche erfuhren erst nach 1945, wem sie ihr Leben zu verdanken hatten.

Vor dieser dramatischen Aktion hatte Adler für Auswanderungen nach Holland, Luxemburg, Belgien, Jugoslawien und in die Tschechoslowakei Beiträge von 1000 Reichsmark pro Paß und Ausreisevisum, oft auch 2000 bis 3000 Mark aufbringen müssen. Boschs Mitarbeiter Hans Walz, Albrecht Fischer, Theodor Bäuerle und sein Privatsekretär Willy Schloßstein, der mit einer Halbjüdin verheiratet war, ließen das Geld in verschlossenen Umschlägen per Boten überbringen. Strengste Geheimhaltung war Voraussetzung. Adler war am Telefon "Herr Geier" und bei persönlichen Begegnungen gab Walz sich manchmal wie "geistesabwesend und sprach über religiöse oder philosophische Themen." Ablenkung als Methode.
Viele Hilfsaktionen geschahen "under the Nose of the Gestapo", wie Adler im November 1945 in New York protokollierte. Zugleich nutzte die Weltfirma ihre internationalen Verbindungen zur "Verschleierung". Über Amsterdam wurden (umgerechnet) rund 500 000 Reichsmark als Hilfsgelder für jüdische Verfolgte transferiert, deren Konten in Deutschland vom NS-Staat blockiert worden waren.

Mit 8000 holländischen Gulden sprang Bosch für den Berliner Journalisten Dr. Friedrich Jaffé ein, um ihm und seiner Familie die Überseereise nach Südamerika zu ermöglichen. Jaffé war Mitarbeiter beim liberalen "Stuttgarter Neuen Tageblatt", an dem Bosch beteiligt war, seit er die Deutsche Verlagsanstalt (DVA) erworben hatte, während andere Industrielle den deutschnationalen Pressezaren Hugenberg finanzierten, einen Wegbereiter Hitlers. Jaffé, Verbindungsmann zwischen Robert Bosch und Rabbi Leo Baeck, organisierte ein geheimes Treffen von Boschs Privatsekretär Schloßstein, seines Vertrauten Walz mit den obersten Repräsentanten der deutschen Juden Leo Baeck und Dr. Otto Hirsch, der vor 1933 Ministerialrat war und 1941 im KZ Mauthausen starb. Es gab mehrere Treffen mit Baeck und Hirsch, das Ergebnis blieb niederdrükkend: Man war überzeugt, daß "für irgendeine Aktion zugunsten der Juden beim besten Willen kein Raum mehr war." So wurde ein "gentlemen agreement zum gegenseitigen Beistand" für den Fall des Falles getroffen. Das war Mitte der Dreißiger Jahre. Damals ging der kluge Berliner Oberrabbiner auf Geldangebote der Bosch-Leute nicht ein. Doch später, als die jüdischen Vermögen kassiert waren und ein Überleben der Juden immer fraglicher wurde, flossen aus Stuttgart "beträchtliche Summen" zur Hilfe für die Todgeweihten.

Am Tage der Kapitulation des Reiches schrieb der Journalist Federico, vormals Friedrich Jaffé in Buenos Aires: "Ohne den Einfluß der Boschleute, die in Leo Baeck Nathan den Weisen sahen, wären die vielen Erfolge bei der Emigration aus Deutschland nicht möglich gewesen." Der Artikel vom 8. Mai 1945, dem Tag der deutschen Kapitulation, hatte die Überschrift: "Prediger in der Wüste - Robert Boschs Kampf um die Rechte der deutschen Juden". So schließt sich der Kreis zwischen dem schwäbischen Industriellen und dem Berliner Rabbi mit den Rettern in der Mitte.

"Jud' und Christ und Muselmann und Parsi,
alles ist ihm eins." (Lessing)

****

Nachtrag:

Robert Bosch starb mit 81 Jahren am 12. März 1942. Ein Jahr danach wurde Oberrabbiner Baeck nach Theresienstadt deportiert. Er hat die Befreiung im KZ erlebt und nach 1945 den Männern, die unter Lebensgefahr im Geiste Boschs gehandelt hatten, seinen Dank und seinen Segen überbracht. Alle Akten über den Briefwechsel zwischen Bosch und Baeck sind nach Angaben des Firmen-Archivs bei einem Luftangriff 1944 vernichtet worden. Baeck starb 1956 in London, wo er die Hilfe Boschs nochmals bestätigt hatte. Hans Walz würdigte ihn: "Dr. Leo Baeck war einer der ganz wenigen, wirklich verehrungswürdigen Gestalten unserer an wahrhaft geistigen Persönlichkeiten so armen Zeit. Er war, liebeerfüllt gegen jedermann, zugleich einer der weisesten und charaktervollsten Männer, die mir in meinem Leben begegnet sind."

1970 wurde Walz im Stuttgarter Parkhotel namens der Gedenkstätte Yad Vashem als "Gerechter unter den Völkern" auf Initiative von Karl Adler und anderer Geretteter geehrt, obwohl der 88jährige sein "selbstverständliches Verhalten" nicht öffentlich herausgestellt haben wollte. Er starb 1974. Zwei Jahre nach seinem Tod forderte ein französischer Historiker Yad Vashem auf, Walz aus der Liste der "Gerechten" zu streichen, da er Mitglied im "Freundeskreis Reichsführer SS" Himmlers und in der Nazi-Partei gewesen sei. So war es. Walz war mit Billigung - oder auf Vorschlag? - seines Förderers Bosch Mitglied geworden, um sich (und die Firma) abzusichern. Yad Vashem leitete eine erneute, sehr genaue Überprüfung ein, obwohl schon 1958 eine "Vereinigung schwäbischer Juden" aus New York an Walz geschrieben hatte: "Viele von uns verdanken Ihnen das Leben, und wir werden nie vergessen, was Sie für uns taten."

Grete Adler, die Witwe des Musikpädagogen, beschrieb den Widerspruch im Leben des Hans Walz: "... indem er entgegen seiner Überzeugung der Partei beitrat, konnte er nicht nur der Firma Bosch die Unabhängigkeit erhalten, sondern vielen Menschen das Leben retten ... durch unser Wissen darum hat unser Vertrauen und unsere Zuneigung zu ihm keine Einbuße erlitten ..." Die Überprüfung durch Yad Vashem ergab die Abweisung der Forderung des französischen Forschers und bestätigte, daß Walz zu Recht das "Ehrendiplom für die Rettung jüdischen Lebens" zuerkannt worden war. Er selbst nahm die Auszeichnung nach längerem Zögern "der geschichtlichen Wahrheit" wegen an, daß es "Männer der Wirtschaft gegeben hat, die um der Gerechtigkeit und der Menschlichkeit willen unter eigener Lebensgefahr wider den Stachel löckten". Und "weil es nötig ist, auf jene Epoche deutscher Schmach immer wieder hinzuweisen."

# Die Baronesse, die Musik und "Mein Kampf"

"Bescheiden wie das kleine verwitterte Haus in der Magdeburger Allee 29 in Charlottenburg zeigt sich auch die Besitzerin, Baronesse Maimi Celina von Mirbach." Das berichtet die "Berliner Morgenpost" am 14. März 1982, einem Sonntag, an dem die 82jährige Baronin mit Medaille und Ehrenurkunde "Gerechte der Völker" von Pnina Ben Ari, der Frau des israelischen Botschafters ausgezeichnet wird. Celina von Mirbach hatte mehr als den vielgepriesenen Mannesmut vor Götterthronen; sie verband Zivilcourage und Menschlichkeit mit konkreter Hilfe für Verfolgte.

Es war ein deutsches Schicksal eigener Art, das Leben der Celina von Mirbach. Im letzten Jahr des 19. Jahrhunderts in Antwerpen geboren, mußte ihre Familie bei Beginn des Ersten Weltkrieges im August 1914 Belgien verlassen. Die Schlacht von Langemarck, in der eine Elite junger Kriegsfreiwilliger sinnlos verblutete, die Schrecken des Krieges überhaupt, haben die ebenso sensible wie aufrechte Baronesse geprägt.

Die von Mirbachs zogen in die Stadt der Preußen-Könige, nach Potsdam, wo Celina nach der Schulzeit in einer "Volksküche" und einem Soldatenheim karitative Arbeit leistete. Liebe die Menschen und hasse den Krieg, das mag ihr zur Lebensmaxime geworden sein. Und die Liebe zur Musik. Im Salon ihres Potsdamer Hauses traf sich bei Cello- und Klaviermusik ein Kreis von Freunden. Auch in der Nazizeit waren jüdische Musikfreunde bei klassischer Musik unter ihren Gästen, eingeladen wie eh und je, während ein großes deutsches Lexikon systemgetreu den Komponisten Mendelssohn-Bartholdy (1809-47) als "jüdischen Musikmacher" beschrieb, der deutsche Gemüter verwirrt habe.

Celina von Mirbach hat sich in keiner Phase ihres Lebens vom Ungeist des Nationalismus und Rassismus verwirren lassen. Sie spielte

Cello und hörte Musik, aber sie überhörte den Lärm der SA und ihre "Juda-Verrecke"-Rufe nicht. Und sie las viel - 1929 Hitlers "Mein Kampf". Seitdem wußte sie, was sich da zusammenbraute. Nur wenige Wochen, nachdem der Reichspräsident, Feldmarschall Paul von Hindenburg, den Gefreiten Adolf Hitler in der Potsdamer Garnisonkirche zum Reichskanzler ernannt hatte, verurteilte Celina von Mirbach in einem Leserbrief an eine Potsdamer Zeitung das Hissen von Hakenkreuzfahnen durch die Nazis an jüdischen Kaufhäusern als "Terrorakt". Das war 1933.

Drohungen blieben nicht aus. Celina von Mirbach ignorierte sie und brachte auch später, als in der sogenannten "Kristallnacht" der braune Pöbel auch in Potsdam jüdische Geschäfte demolierte, ihre Empörung öffentlich zum Ausdruck. Es waren damals oft nur kleine Gesten, die großen Mut erforderten; zum Beispiel in der Straßenbahn aufzustehen und einer alten Frau mit dem gelben Stern am Mantel einen Platz anzubieten. Das war verboten. Celina von Mirbach tat es dennoch, und sie tat mehr, viel mehr.

Zitat Frau Professor Dr. Gisela Distler-Brendel: "Da mir als Halbjüdin das Studium an einer Hochschule untersagt war, studierte ich bis zur Einberufung zum Arbeitseinsatz privat in Berlin Musik. In dieser Zeit (1941 bis Anfang 1945) wohnte ich bei Frau von Mirbach, die mich in jeder Weise unterstützte und deckte. Zum Verstoß gegen die Nazi-Gesetzgebung wurde dies insbesondere, als sie auch meinen "arischen" Freund und Musikpartner Hubertus Distler in ihr Haus aufnahm, von dem ich ein Kind erwartete und den ich nach 1945 heiratete. Frau von Mirbach unterstützte damit Rassenschande nach den Nürnberger Gesetzen, was für sie umso gefährlicher war, als ein Dienstmädchen überzeugte Nationalsozialistin war."

Gisela Diestler-Brendel war es, die Jahre später die Initiative zur Ehrung ihrer Freundin durch die Gedenkstätte Yad Vashem ergriff. Aber auch andere erinnerten sich ihrer Menschlichkeit.

Frau Hertha Josefine Calè erinnerte sich, wie ihre Schwester, "Jüdin im Sinne der Nürnberger Gesetze", tagelang in der Potsdamer Wohnung von Frau von Mirbach vor der Gestapo versteckt wurde. Wörtlich: "Auch sonst hat sie rassisch verfolgten Menschen geholfen, soweit sie dazu in der Lage war." Das ist eher untertrieben. Als ihre jüdischen Freunde Dr. Hirschfeld und Dr. Lazarus nach KZ-Haft und Zahlung der "Reichsfluchtsteuer" 1939 noch nach Holland entkommen waren, fuhr Celina von Mirbach wenig später gleichfalls in die Niederlande, brachte ihren Freunden zurückgelassene Wertsachen und Schmuck, damit zur Heimatlosigkeit nicht auch noch bittere Armut kam.

Dr. Hirschfeld und Dr. Lazarus wurden nach der Besetzung Hollands zunächst nach Theresienstadt deportiert. In Auschwitz wurden sie Opfer der "Endlösung". Niemand hat sie retten können.

****

Es gehört zum deutschen Schicksal der Baronesse Maimi Celina von Mirbach zu vermelden, daß sie ihr Potsdamer Haus in der Zeit des Volksaufstandes vom 17. Juni 1953 in der DDR verlassen hat. Als die Reporter der "Berliner Morgenpost" sie am Tage ihrer Ehrung im März 1982 besuchten, teilte "sie ihr Häuschen in der Charlottenburger Chaussee mit drei Studenten als Mieter und bestritt ihren Lebensunterhalt mit Cello-Unterricht." Da war sie 82 Jahre alt. 1994, zehn Jahre nach ihrem Tod, wurde an ihrem ehemaligen Haus in Potsdam eine Gedenktafel enthüllt. Zur Erinnerung an eine tapfere Frau, die Zeit ihres Lebens ein Vorbild für Menschlichkeit und Zivilcourage war.

# Ein Wiedersehen in Nürnberg

Sind Frauen mutiger, haben sie mehr Zivilcourage? Der Anteil der Frauen, die wie Baronesse von Mirbach andere Frauen retteten, ist groß. Es waren Frauen aus allen Schichten unseres Volkes, die zu Rettern von Verfolgten wurden. Einige werden hier vorgestellt:

"Ich lebte zu Beginn des Krieges verheiratet in Nürnberg", berichtet Bertha Eichhorn, eine Überlebende, die aus dem Westerwald stammte. 1941 wurde sie mit anderen Juden aus der "Stadt der Reichsparteitage" deportiert und landete nach sechs Monaten "Auffanglager" im Ghetto von Riga. In der besetzten lettischen Hauptstadt wurde Bertha Eichhorn einer Wehrmachts-Dienststelle als jüdische Zwangsarbeiterin zugewiesen. Dort lernte sie Lieselotte Flemming kennen.

Bertha Eichhorn erinnert sich: "Lieselotte Flemming war die Leiterin eines Heimes für Stabshelferinnen (der Wehrmacht). Täglich hat Frau Flemming mir von ihrer eigenen Ration Essen zugesteckt und meist nicht nur für mich, sondern auch für andere jüdische Häftlinge hat sie heimlich von der Dienststelle, wo sie und die Stabshelferinnen verköstigt wurden, Essen in Dosen herausgeschleppt. Ich war damals sehr krank und in tiefer Depression und hätte nicht überlebt, wenn sie mich nicht in jeder Weise unterstützt hätte."

Der Mut und die Menschlichkeit der Lieselotte Flemming endeten in einer Tragödie: Sie wurde wegen "Judenbegünstigung" angezeigt und kam vor ein Kriegsgericht.

Bertha Eichhorn überlebte und kehrte im Juli 1945 in das zerstörte Nürnberg zurück, wo wenige Monate später der Kriegsverbrecher-Prozeß stattfand. Aus Bertha Eichhorns Bericht: "Nach dem Kriege hat Lieselotte Flemming bei allen jüdischen Organisationen nach mir gesucht. In Nürnberg haben wir uns wiedergefunden und ich erfuhr, daß ihr Mann, Major im Kriege, sich das Leben nahm, da auch er vor das Kriegsgericht kam, weil seine Frau jüdische Häftlinge unterstützt hatte, wo sie nur konnte."

Am 11. Juni 1985 wurde Lieselotte Flemming auf Antrag von Bertha Eichhorn in der israelischen Botschaft in Bonn als "Gerechte der Völker" geehrt. Eine Lebensrettungs-Medaille aus Jerusalem für eine ehemalige Stabshelferin der deutschen Wehrmacht und eine deutsche Kriegerwitwe besonderer Art.

# Die Freundin Kitty aus Meiningen

In Meiningen, der ehemaligen Residenzstadt in Thüringen, dem grünen Herzen Deutschlands, wo vor mehr als hundert Jahren ein typisch deutsches Hoftheater europaweiten Ruhm ("Die Meininger") erlangte, lernten sich 1938 Helga Cohn und Käthe Hauschild kennen und schätzen. In der provinziellen Enge und dennoch kultivierten Atmosphäre einer Kleinstadt voller Geschichte und Geschichten, die sich um ihre zeitweiligen Bewohner Jean Paul, Brahms oder Reger rankten, begann eine schicksalhafte Freundschaft.

"Wir nannten sie alle Kitty. Sie hat für meine Familie und mich sehr viel getan, ganz besonders nach Ausbruch des Krieges." Das erzählte Helga Cohn vor der Kommission von Yad Vashem Anfang der Achtziger Jahre über Käthe Hauschild. Ihr Protokoll beginnt mit den schlichten Worten: "Ich habe in Deutschland eine christliche Freundin, die mit einem deutschen Offizier verheiratet war ..."
Als Helgas Vater verhaftet werden sollte, versteckte ihre Freundin Kitty ihn, und auch ihrem Bruder "gewährte sie oftmals Unterschlupf." Schließlich verließ die Familie, die wie alle deutschen Juden seit dem 15. September 1941 den gelben Stern für jeden sichtbar an ihrer Kleidung tragen mußte, die Kleinstadt und machte sich auf den Weg in das Häusermeer der Millionenstadt Berlin. In der Hölle ist der Platz neben dem Teufel weniger heiß, mag Helgas Vater gedacht haben.

Käthe Hauschild in Meiningen vergaß die jüdische Freundin in Berlin nicht. "Jeden Monat hat sie uns ein Lebensmittelpaket geschickt, natürlich unter einem falschen Namen und an eine Deckadresse, bis 1943", erinnert sich Helga und fügt an, daß Kittys Mann Willy, der Offizier, "davon gewußt und sie auch noch unterstützt hat, so daß Kitty uns oft ganz besonders notwendige Dinge schicken konnte." Das mögen Toilettenartikel oder andere Kleinigkeiten gewesen sein. Es fehlte damals ja am Notwendigsten.

Helga konnte unter abenteuerlichen Umständen 1943 nach Belgien fliehen. Darüber berichtete sie später Yad Vashem: "Dort konnte ich mich bis zur Befreiung versteckt halten. Mein Vater und mein Bruder blieben in Deutschland; sie wurden beide gefaßt und nach Auschwitz deportiert, wo sie beide umkamen. Meine Freundin konnte ihnen nicht helfen." Ende des Zitats - kein Ende der Freundschaft.

****

Im Oktober 1984 wurde Käthe Hauschild in der Jüdischen Gemeinde Hamburg mit der Medaille "Gerechte der Völker" ausgezeichnet. Der Bundespräsident verlieh ihr für tatkräftige Hilfe gegenüber jüdischen Mitbürgern das Bundesverdienstkreuz der Bundesrepublik Deutschland.

## Die Juristin und die 900 Tage der Angst

Irene Gasse war ein ebenso hübsches wie intelligentes Mädchen, das mit drei Geschwistern in Leipzig in einem liberalen Elternhaus aufgewachsen war und 1935 mit zwanzig Jahren ein Jurastudium begann. Im Jahr des Kriegsbeginns schloß sie mit dem Staatsexamen ab und machte bald ihren Dr. jur. Doch eine Anwältin des Rechts wollte sie im Unrechtsstaat nicht werden und schon gar nicht in dessen Dienste eintreten. Staatsanwältin oder gar Richterin hätte sie als Frau ohnehin nicht werden können. Bereits als Studentin machte sie aus ihrer Gegnerschaft zum NS-Staat kein Hehl.

Irene Gasse heiratete und war nun Frau Dr. Irene Block. Sie wurde Steuerberaterin in der alten Handelsmetropole Frankfurt am Main, in der seit Generationen viele berühmte jüdische Familien lebten. Manche hatten sich vor dem Kriege gegen Zahlung der den Juden auferlegten "Reichsfluchtsteuer" ins Ausland retten können; die meisten aber lebten noch in ihrer Heimatstadt, als im Oktober 1941 in Frankfurt der Abtransport in die Konzentrations- und Vernichtungslager begann. Da suchten viele Hoffnungs- und Ratlose juristischen und menschlichen Beistand bei Irene Block. In ihrer Praxis im Frankfurter Westend gaben sie sich die Türklinken in die Hand, obwohl Frau Block von der Gauleitung der NSDAP die "Beratung von Juden" rundweg verboten worden war. 1942 wurde ihr nach mehrfacher Denunziation das Recht, eine Praxis zu führen, abgesprochen. Sie machte weiter in ihrer Dreizimmer-Wohnung, Unterlindau 41, in der sich bald zwei Frauen zu einer Schicksalsgemeinschaft über 900 Tage der Angst zusammenfinden sollten.

*Szenenwechsel:*

Die Bildhauerin Maria Johanna Fulda, 1941 fünfzig Jahre alt, war zutiefst erschrocken, als am 19. Oktober morgens um sechs in ihrem

Hause SS-Männer unter Leitung von Gestapo-Beamten erschienen und befahlen: "Machen Sie sich fertig zum Transport! Sofort!" Der Schock fuhr der Frau buchstäblich in die Glieder. Ihre Beine versagten und waren wie gelähmt. Später erinnerte sie sich, daß "die Gestapo infolge meiner plötzlichen Lähmung nach langem Hin und Her von einer Mitnahme meiner Person absah, mir jedoch befahl, binnen zweier Tage die arische Wohnung zu räumen." So steht es in ihrer Überlebensgeschichte, die sie im Juni 1945 niederschrieb. Es ist die Leidensgeschichte der Maria Fulda und zugleich die Heldengeschichte der 24 Jahre jüngeren Juristin Irene Block.

Maria Fulda entstammte einer alteingesessenen Frankfurter Familie - Ludwig Fulda, ein Bruder ihres Vaters, war ein bekannter Übersetzer - und auch sie selbst war in kulturell interessierten Kreisen so bekannt, daß sie jederzeit hätte erkannt werden können, als sie gezwungen war, sich zu verstecken. Glücklicherweise lernte sie Irene Block durch eine jüdische Freundin kennen, bei der sie für eine Nacht Unterschlupf vor der Gestapo gefunden hatte.

Der zweite Befehl zum "Transport" traf Maria Fulda am 7. Mai 1942. In ihrer Not wandte sie sich an Frau Block. Die half mit Rat und Tat: Sie rief einen Arzt, der bei der verfolgten Jüdin, wie gewünscht, "Gehunfähigkeit" feststellte und die "Rettungswache" alarmierte. Maria Fulda wurde in das noch arbeitende Jüdische Krankenhaus gebracht. Irene Block fuhr mit. Als die Gestapo-Leute am nächsten Tag die nicht zum Transport erschienene Jüdin abholen wollten, legte Frau Dr. Block die ärztliche Bescheinigung vor, daß Maria Fulda im Krankenhaus als "nicht gehfähig" liege.

Das Ringen um das Leben der Bildhauerin ging über mehrere Runden. Den "dritten Evakuierungsbefehl" erhielt Maria Fulda am 20. Mai 1942. Zitat: "Frau Dr. Block setzte sich mit einem als außerordentlich judenfreundlich bekannten Arzt in Verbindung ... und erbat ein Attest über meine Erkrankung, welches der Arzt auch bereitwillig ausstellte." Der Arzt? Ein unbekannt gebliebener Helfer.

Die mutige Juristin ging in die Höhle des Löwen und sprach mit der Gestapo, ja sie verlangte offiziell eine Untersuchung durch einen Gestapo-Arzt. Oder wollte die Gestapo eine gehunfähige, stadtbekannte Dame zur "Umsiedlung" zwingen? Der Polizei-Arzt bestätigte, aus welchen Motiven ist ungeklärt, das vorgelegte Attest, so daß Maria Fulda, wie sie später schrieb, "auch diesmal als gehunfähig zurückgelassen wurde." Noch trauten sich die Vollstrecker der "Endlösung" offenbar nicht, vor den Augen der deutschen Öffentlichkeit selbst Kranke und Alte in Güterzüge zu verfrachten, obwohl sie in vielen Großstädten an den Litfaßsäulen plakatierten, daß sich die "Juden zur Umsiedlung in den Osten" an einem bestimmten Tag zu einer bestimmten Zeit zum Sammeltransport einzufinden hatten. Das konnte jeder lesen.

In Frankfurt am Main, der Geburtsstadt Goethes, wurden im September 1942 auch die Alten und Kranken jüdischer Abstammung nach Theresienstadt deportiert. Maria Fulda erhielt die Aufforderung zum letzten Transport. Eine Stunde vor Abfahrt, am 22. September 1942 morgens um 9 Uhr, erschien Irene Block bei der Bildhauerin: "Lassen Sie alles stehen und liegen, ich bringe Sie in Sicherheit. Sie trennte mir den Judenstern vom Mantel ab, wir gingen zum Hauptbahnhof, nahmen einen Zug und erreichten glücklich und ohne Kontrolle einen Ort im Kreis Kassel, wo Frau Dr. Block ein kleines Bauernhaus gemietet hatte und mich als ihre Tante acht Tage allein zurückließ." Das war der Beginn einer zwei Jahre und sechs Monate währenden Versteck- und Rettungsaktion.

Es war nicht einfach, im totalen Polizei- und Überwachungsstaat so mir nichts dir nichts zu verschwinden. Auch die verschwundene Jüdin namens Fulda wurde gesucht. "Sie hat Selbstmord begangen", erzählte Irene Block jedem, der es hören oder nicht hören wollte.
Doch schon nach einer Woche holte sie die Gesuchte und Verfolgte aus dem nordhessischen Bauernhaus in ihre Frankfurter Wohnung.

Wenn es an der Türe klingelte, drang der Schweiß der Angst durch alle Poren. Die beiden Frauen lebten von einer Lebensmittelkarte, deren Rationen für jeden knapp waren. Und nur manchmal, in ganz dunklen Nächten, verließen sie Arm in Arm das Haus. Als Maria Fulda schwer erkrankte, rief ihre Beschützerin sogar eine Ärztin zu Hilfe. Die verordneten Injektionen gab sie der Kranken lieber selbst.

Bald wurden die Luftangriffe der alliierten Bombergeschwader auf die Stadt am Main immer häufiger. Wer in seiner Wohnung blieb, wenn die Sirenen heulten, setzte sein Leben aufs Spiel, wer mit einer versteckten Jüdin in den Luftschutzkeller gegangen wäre, hätte sich gleich selbst bei der Gestapo melden können. Irene Block fand einen Schutzraum in der Nachbarschaft, wo man die Bildhauerin von früher vermutlich nicht kannte. Das ging gut, bis am 22. März 1944, bei einem schweren Luftangriff, das Haus völlig ausbrannte. Frau Block war "total bombengeschädigt", wie das amtlich hieß. Für Maria Fulda galt das nicht. Sie existierte amtlich schon längst nicht mehr.

Die beiden Frauen, die Retterin und ihr Schützling, haben dann das getan, was damals Abertausende "Ausgebombte" in Deutschland getan haben: Sie sind aufs Land gezogen. Die beiden Frauen fanden Unterkunft in Ziegenhain, einem kleinen Ort in der schönen Landschaft der Schwalm, und meldeten sich, wie es vorgeschrieben war, polizeilich an. Manche waren ohne Papiere aus den brennenden Städten geflohen, Ausweise und Familienstammbuch waren verbrannt. Da herrschte oft Verwirrung und nicht mehr die gewohnte deutsche Ordnung in Ämtern und Behörden. So besorgte Irene Block der Jüdin Maria Johanna Fulda, geboren am 24. April 1891 in Frankfurt am Main, einen falschen Ausweis auf den Namen "Maria Fischer". Das war rechtswidrig nicht nur nach den "Nürnberger Gesetzen", jedoch mehr als rechtens nach dem Gesetz der Menschlichkeit.

****

Dr. Irene Block wurde am 1. Juni 1993 in der israelischen Botschaft zu Bonn posthum als "Gerechte der Völker" geehrt. Ihre Schwester,

Frau Dr. Therese Poser und deren Mann Dr. Dieter Poser, nahmen Urkunde und Medaille entgegen. Therese Poser berichtete dem Autor: "Es war besonders tragisch, daß Irene bürokratischer Schwierigkeiten wegen die Auszeichnung nicht mehr selbst empfangen hat." Sie war wenige Tage zuvor einem Krebsleiden erlegen. Der Termin der Ehrung kam zu spät.

# Der Gärtner und der Landvermesser

Friedrich Müller, Rufname Fritz, war ein Gärtner vom Niederrhein. Als er die feldgraue Uniform als Soldat der Wehrmacht trug, mußte er nach Polen, ins sogenannte "Generalgouvernement". Doch nicht das Gewehr, sondern Hacke und Spaten sollte er für "Führer, Volk und Vaterland" einsetzen als Gärtner auf dem Gut Choroszoz bei Bialystok. Dort hat Fritz Müller den jüdischen Landvermesser Ignac Bucholc vor dem Tode gerettet.

Ignac Bucholc lebte bis zum Kriegsausbruch 1939 in Bialystok an der Grenze zwischen Polen und Rußland und mußte 1941, nach dem Angriff auf die Sowjetunion, wie alle Juden aus Stadt und Umgebung in ein von der SS bestimmtes Ghetto, "jüdischer Wohnbezirk" genannt. "Arbeitsjuden" wurden dort für deutsche Dienststellen ausgewählt. Ignac Bucholc kam zu einer Gruppe, die zur Reinigung der Magazine der Heeres-Standortverwaltung eingeteilt war. Er hatte Glück, denn er lernte einen Zahlmeister der Wehrmacht kennen, der für den jüdischen Landvermesser Ignac Bucholc eine bessere Beschäftigung wußte als kehren und putzen. Er brachte ihn zum deutschen Gutsverwalter von Choroszoz, der Felder und Wiesen, Äcker und Garten neu vermessen und planen lassen wollte. Dazu brauchte er einen Landvermesser. Ignac Bucholc war der richtige Mann am richtigen Platz. Er selbst hat darüber berichtet:

"Auf dem Gut lernte ich Fritz Müller kennen, der war Soldat und von Beruf Gärtner. Da ich den Anbauplan ausarbeiten sollte, kamen wir beide oft zusammen und haben zueinander Vertrauen gefaßt und unsere Sorgen miteinander geteilt. Auf dem Gut war ich außerhalb der Verfügungsgewalt des Ghettos und wohnte mit einem polnischen Vorarbeiter in einer Stube beim Stall. Ich war der einzige Jude auf dem Gut, habe den Stern nicht getragen und wurde als Arbeiter behandelt. Fritz Müller hat in dieser Zeit herzliche Anteilnahme an meinem Los genommen und mir auch mit Verpflegung geholfen."

Das ging so etwa ein Jahr lang auf dem Gut Choroszoz. Niemand nahm an Ignac Bucholc Anstoß bis zur "Auflösung", d.h. Liquidierung des Ghettos von Bialystok. "Danach muß mich wohl jemand angezeigt haben, daß ich als Jude noch in Choroszoz lebe."

Der deutsche Soldat Fritz Müller, der von Beruf Gärtner war, erfuhr am Abend des 10. Februar 1944 von seinem Chef, dem Gutsverwalter, daß die Gestapo dem Juden ohne Judenstern auf der Spur war und ihn "in den nächsten Tagen abholen wolle." Das war Warnung genug. Fritz Müller suchte Ignac Bucholc noch am gleichen Abend in der Stube neben dem Stall auf und beide beschlossen, ihn zu verstecken, da eine Flucht noch riskanter erschien. Auf dem Gut kannten sie sich aus.

Ignac Bucholc versteckte sich im Doppel-Dachboden des Gartenhauses. Fritz Müller sagte: "Wenn die SS nach dir fragt, sage ich, du bist zu den Partisanen abgehauen." Doch bevor die Menschenfänger kamen, sprang der Hofhund, den Ignac oft und gerne gefüttert hatte, auf das Dach des Gartenhauses und verbellte den Versteckten. Da erschoß Fritz Müller, der lieber Gärtner als Soldat war, das Tier. Es blieb ihm keine andere Wahl.

Der Landvermesser Bucholc aus Bialystok erinnerte sich noch nach Jahren: "Bei der Durchsuchung durch die Gestapo wurde ich nicht gefunden und auch diejenigen, die wußten, wo ich mich versteckt hatte, haben mich nicht verraten. Nachts kam Herr Müller und brachte mir Essen. So habe ich bis zum 18. Februar ausgehalten, aber dann waren meine Nerven total kaputt." Er bat Fritz Müller, ihn zu Bekannten nach Bialystok zu bringen. Heimlich fuhr der deutsche Soldat Fritz nachts mit einem Pkw den polnischen Juden Ignac in dessen "judenreine" Heimatstadt.

"Diese Haltung und Hilfe, die mir unter den bestehenden Umständen das Leben retteten, und die mit Lebensgefahr für ihn verbunden waren, bewirken meine Hochachtung für Fritz Müller. Es waren Menschenfreundlichkeit und Opferwillen, die ihn bewogen haben, mir zu helfen." Schlichte Worte des Dankes eines Geretteten, doch nicht das Ende der in schwerer Zeit geschmiedeten Freundschaft zweier Männer so unterschiedlicher Herkunft. Der eine vom Niederrhein, der andere aus Ostpolen: Fritz und Ignac.

1983 leitete Ignac Bucholc, wohnhaft in Posen in der Volksrepublik Polen, bei der Gedenkstätte Yad Vashem in Israel das Verfahren zur Anerkennung als "Gerechter der Völker" für den Gärtnereibesitzer Fritz Müller, wohnhaft in Mönchengladbach, Krefelder Straße 162, ein, mit dem er seit 1960 korrespondierte. Nach Mönchengladbach schrieb er: "Es würde mich wirklich freuen, wenn für Dich in Israel ein Baum gepflanzt würde. Du hast es wirklich verdient, so für alle Zeiten geehrt zu werden. Bitten wir Gott, daß wir uns persönlich die Hand drücken dürfen."

Dazu kam es nicht. Fritz Müller starb, ehe die Prüfung des Falles durch Yad Vashem beendet war. Am 29. Juli 1986 nahm seine 74jährige Frau Charlotte mit ihren Kindern in der Bonner Botschaft Israels für ihn Medaille und Urkunde entgegen. Ignac Bucholc, der anderthalb Jahre lang vergeblich auf die Einreisepapiere nach Westdeutschland gewartet hatte, konnte seiner 81 Jahre wegen nicht mehr zur Feierstunde für seinen Retter und Freund an den Rhein fahren. In seinem letzten Brief an Fritz Müller hatte er geschrieben: " Deine Kinder können stolz auf Dich sein..."

Nicht nur seine Kinder.

# Der Zufall einer Begegnung brachte die Rettung

Karl Herzberg war Kaufmann und führte seit 1913 ein Textilgeschäft in Mannheim, das in Stadt und Land bekannt und geschätzt war. Auch am "Manteltag", wie man in Teilen Süddeutschlands einen der verkaufsoffenen Sonntage vor Weihnachten seit altersher nannte, kaufte man gerne bei Herzberg. Damit war es 1937 zu Ende. Karl Herzberg war zwar mit einer "Arierin" verheiratet, aber die war zum jüdischen Glauben übergetreten und ebenso die drei Kinder. Herzbergs mußten ihr Geschäft schließen. Nicht genug, in der Pogromnacht vom 9. November 1938 wurde ihre Wohnung von der SA völlig demoliert. Der Kaufmann Herzberg wurde Hilfsarbeiter. Dem Sohn gelang die Emigration nach England.

Die Rettung der Familie Herzberg ist die Folge einer zufälligen Straßen-Begegnung zwischen den Ruinen der rheinischen Industriestadt 1943. Die Herzbergs, als "Mischehe" von den Deportationen bislang ausgenommen, hausten in einer ausgebombten Ruine, als Karl Herzberg zufällig - eher war es Fügung, Schicksal - seinen Bekannten Wilhelm Burger aus der guten, alten Zeit traf. Der war entsetzt vom Aussehen des einst angesehenen Textilhausbesitzers und seiner Familie. Er versprach Hilfe, und er half. Zunächst mit Lebensmittelmarken und dann auch mit anderem.

Obwohl die Amerikaner vorm Rhein und die Russen an der Oder standen, bekamen Karl Herzberg und seine beiden Töchter noch im Februar 1945 den Befehl zum Abtransport nach Theresienstadt. Die "arische" Frau und Mutter flehte die Gestapo an, sie nicht von ihrer Familie zu trennen, sie ebenfalls mitzunehmen. Vergebens! Befehl ist Befehl. Alles muß seine Ordnung haben. Die "Evakuierung" war ausschließlich für den "Volljuden" Karl Herzberg und seine (eigentlich halbjüdischen) Töchter angeordnet.

Abermals tritt Wilhelm Burger als Retter aus der Not auf den Plan:

Tagelang sucht er ein illegales Obdach, ein Versteck für die Herzbergs. Schließlich sind Frau Gertrud Hammer und deren Vater Georg Hammer bereit, die jüdische Familie aufzunehmen, Juden, die sie vorher nie gesehen hatten. Das war die letzte Chance zur Rettung: Einen Tag vor dem Termin der Deportation.

Doris Herzberg bekam nach dem Ruinenleben in Hammers Wohnung eine schwere Lungenentzündung. Ein Arzt konnte für die Juden nicht geholt werden. Medikamente gab es nur auf Rezept, das keiner verschreiben konnte. Der unüberhörbare Husten der Kranken drohte die Versteckten zu verraten. Nicht einmal Hammers Sohn, der auf Fronturlaub war, wurde eingeweiht. Ein neues Versteck mußte gefunden werden.

Wilhelm Burger fand es bei Mathias und Frieda Müller, die früher einmal bei den Herzbergs Hausangestellte war. Für Müllers war die Unterbringung des Juden Herzberg und seiner Familie nicht minder gefährlich: Unter ihrer Wohnung waren Angehörige der nationalsozialistischen Bautruppe "Organisation Todt" einquartiert; auch ausgebombte Verwandte waren im Haus. Dennoch richteten Müllers für die Familie Herzberg auf dem Dachboden ein Notquartier ein. Das konnten sie selbst beim Tieffliegerbeschuß durch amerikanische Jagdbomber nicht verlassen.

Die Familie Herzberg war gerettet, als im April die Amerikaner nach Mannheim kamen; gerettet vor Gestapo und KZ dank einer zufälligen Begegnung auf der Straße inmitten von Ruinen. Das Ehepaar Müller ist schon in den Nachkriegsjahren verstorben ebenso Wilhelm Burger und Georg Hammer. Dessen Tochter Gertrud Hammer und die Söhne von Frieda und Mathias Müller nahmen am 22. Oktober 1980 in der Bonner Botschaft Israels die Ehrung als "Gerechte der Völker" stellvertretend in Empfang. Gertrud Hammer wurde außerdem vom Bundespräsidenten für ihre vorbildliche Tat mit dem "Verdienstkreuz am Bande des Verdienstordens der Bundesrepublik Deutschland" ausgezeichnet.

# Der Mensch und Manager von Format

Auf einem Sideboard seines Büros mit dem Blick in den weitläufigen Park der "Villa Hügel", dem einstigen Sitz der Industriellen-Dynastie Krupp, stehen signierte Fotos zur Erinnerung an Begegnungen mit Staatsmännern aus Ost und West. Der schlanke Herr im dezent gestreiften Maßanzug ist das, was man einen Mann von Welt nennt: Er wurde von John F. Kennedy, Nikita Chruschtschow, Tschou En-lai und auch von Ezard Weizman empfangen; er ging mit Jugoslawiens Marschall Tito und Bulgariens Staatschef Schiwkoff zur Jagd und er empfing in eben dieser "Villa Hügel" den DDR-Machthaber Erich Honecker bei dessen einzigem, offiziellen Besuch in Westdeutschland. Sein Verhältnis zu Polen ist für den deutschen Spitzen-Manager weit über das Geschäftliche hinaus persönlich bestimmt und für die deutsche Ostpolitik mitbestimmend gewesen.

Solche Reminiszenzen werden wach im Büro des Vorsitzenden der "Alfried Krupp von Bohlen und Halbach-Stiftung", Professor Dr. h.c. Berthold Beitz; ausgezeichnet mit den höchsten polnischen Orden, bereits 1973 in Yad Vashem als "Gerechter der Völker" geehrt und als einer von wenigen Deutschen mit der Goldmedaille der jüdischen Organisation "B'nai B'rith" dekoriert. Berthold Beitz hat etwa tausend Menschen, Frauen, Männer und Kinder, vor dem "Holocaust" gerettet.

****

Damals war er ein junger Mann von 28 Jahren, damals war er der Typ deutscher Herrenmensch, 1,80 Meter, schlank, blond, selbstbewußt und sportlich. Den Autor, der ihn seit vielen Jahren kennt und auch bei manchen seiner Reisen als ostpolitischen Vorreiter Deutschlands beobachten konnte, empfängt er - unübersehbar die staatlichen und olympischen Ehrenurkunden an der Seitenwand - an einem antiken Schreibtisch aus edlem Holz. Darauf ein Buch mit dem Titel: "Berthold Beitz im Dritten Reich - Mensch in unmenschlicher Zeit." Verfasser ist der Essener Staatsanwalt Dr. Bernd Schmalhausen, Jahrgang 1949, der sich wie nicht wenige engagierte Deutsche der Nachkriegsgeneration in seiner Freizeit der Aufarbeitung der NS-Diktatur widmet. Es ist nicht die einzige Publikation über die menschliche Haltung des Berthold Beitz und seiner Frau. Bei meinem Interview mit Beitz ist ein junger Historiker zeitweilig Zeuge.

"Da steht mehr über mich drin, als ich selber weiß", sagt Beitz, nun ein Mann von 82 Jahren, und zeigt auf den Stapel der Schriften neben dem Telefon. Der als Sohn eines Ulanen-Wachtmeisters in Pommern im Jahr vor Beginn des Ersten Weltkrieges geborene Waage-Mensch erscheint als ein Mann, der kaum altert: Sportlich und dynamisch, schlank und charmant. Er ist einer jener Männer, die durch Erscheinung und Autorität ihrer Persönlichkeit überzeugen. Das muß ihm damals, in der Zeit der Barbarei, geholfen haben, zu tun, was er für richtig hielt.

(Vielleicht war es auch der Nachhall eines Kinderliedes, das über viele Generationen in seiner pommerschen Heimat die Schrecken des Dreißigjährigen Krieges wachgehalten hat: "Maikäfer flieg, dein Vater ist im Krieg, deine Mutter ist in Pommernland, Pommernland ist abgebrannt ..., Maikäfer flieg ..." Von elternlosen Kindern im Krieg wird noch die Rede sein in diesem Kapitel).

"Ich weiß nicht, ob ich das heute noch einmal tun würde oder könnte," meint Beitz, leicht nachdenklich, und fügt hinzu: "Mut ist oft nur Unwissenheit." Das klingt nicht nach Abgehobenheit des Alters, eher als Versuch der Relativierung seines persönlichen Einsatzes zur Rettung von Menschenleben. "Eigentlich hätte meine Frau geehrt werden müssen. Die war 21 Jahre, hatte bereits unser Töchterchen, und sie hat jüdische Kinder im Hause versteckt und gerettet." Mit seiner Frau Else ist Berthold Beitz seit 1939 verheiratet; sie haben drei Töchter.

"Herr Direktor, erkennen Sie mich noch?" ruft 1984 in Los Angeles ein Mann Berthold Beitz zu, der als Mitglied des Internationalen Olympischen Komitees (IOC) und des deutschen NOK in der Film- und Olympia-Stadt weilt. "Wie sollte ich ihn erkannt haben?", fragt Beitz. "Damals in Boryslaw war er einer von vielen Juden, die bei mir gearbeitet haben." Er war einer von jenen, die Beitz gerettet hat.

## *In der Ölstadt am Ende der Karpaten*

Beitz hat Bankkaufmann gelernt. Bei Kriegsbeginn war er Angestellter des Ölkonzerns "Royal Dutch Shell" in Hamburg. Im Juli 1941, im Monat nach Hitlers Angriff auf die Sowjetunion, wurde Beitz vom Reichswirtschaftsministerium zum kaufmännischen Leiter der "Karpathen-Öl A.G." im besetzten Polen ernannt. Obgleich Fähnrich der Reserve, war Beitz als Angehöriger des Jahrgangs 1913 vom Militär freigestellt. Er wurde Direktor der kriegswichtigen Öl-Förderung im ostgalizischen Boryslaw, von wo das Öl über zehn Kilometer nach Drohobycz gepumpt wurde. In beiden Orten lebten und arbeiteten viele Juden. Beitz war kein Privatunternehmer wie der ganz gegenteilig strukturierte Oskar Schindler, sondern eine Art "Treuhänder im Generalgouvernement". Im Zentrum der Ölproduktion wird er zum hundertfachen Lebensretter.

Die am Ende der Karpathen gelegene Kleinstadt Boryslaw war eine Anhäufung von hölzernen Bohrtürmen mit Zulieferbetrieben und Werkstätten, Holz- und Ziegelhäusern. Von den 40 000 Einwohnern, Polen und Ukrainern, bekannten sich etwa 18 000 zum jüdischen Glauben. Ihre Vorfahren waren vor Jahrhunderten über Deutschland gekommen, sie sprachen meist "jiddisch"; als orthodoxe "Ost-Juden" standen sie auf Himmlers Vernichtungsplan ganz oben. Die Juden von Boryslaw waren in der Mehrheit arme Leute, Handwerker und Öl-Arbeiter, aber es gab auch Buchhalter und Rechtsanwälte, Ärzte und Lehrer. Höchstens tausend der 18 000 Boryslawer Juden haben den Rassenwahn der Nazis überlebt, dank Else und Berthold Beitz.

Die ersten Pogrome unter der jüdischen Bevölkerung Galiziens im Juli 1941 waren das blutige Werk antisemitischer Ukrainer. In Boryslaw hatte der sowjetische KGB 1939/40 - nach der Grenzverschiebung infolge des Stalin-Hitler-Paktes - angebliche Antikommunisten und Klassenfeinde ermordet. Als die Deutsche Wehrmacht Ende Juni 1941 (wie 1939) Boryslaw erneut besetzt hat, werden unter deutschem Kommando als Rache am "jüdischen Bolschewismus" von Ukrainern in Boryslaw jüdische Bewohner durch die Straßen gejagt und fast 200 Menschen wie hakenschlagende Hasen abgeknallt.
Berthold Beitz sah das Blutbad und glaubte an Racheakte zwischen osteuropäischen Volksgruppen. Er sollte sich getäuscht haben. Der Mord-Einsatz des von der deutschen Besatzung gegründeten "Ukrainischen Ordnungsdienstes" war erst der Auftakt. (Ukrainer mit Lederpeitschen waren bis zum Ende als Knechte der SS-Henker in Polen dabei). Den Fronttruppen folgten die SD-Einsatzkommandos mit dem Befehl, das "Judentum auszumerzen". Aktion folgt auf Aktion: Massenerschießungen und Deportationen, aus Ostgalizien in das Vernichtungslager Belzec. SS-Obersturmbannführer Kurt Gerstein, ein im Totenkopf-Orden untergetauchter Widerstandskämpfer, hat als Augenzeuge einer Vergasungsaktion in Belzec Tagebuch geführt. Es ist ein erschütterndes Dokument. Sonst wüßte man wenig über Belzec, das schon Ende 1942, nach getaner Mord-Arbeit, auf Befehl der SS eingeebnet wurde. Es sollten keine Spuren bleiben.

Der kaufmännische Leiter der "Karpathen-Öl" in Boryslaw, Berthold Beitz, bewohnte mit Frau und Kind ein Einfamilienhaus, hatte einen Mercedes als Dienstwagen und einen "Landauer" mit zwei Pferden. Er trug Zivil und war verantwortlich für die Ölproduktion. Dazu benötigte er einheimische Fachleute, unter denen viele Juden waren. Beitz bestand darauf, daß sie weiterbeschäftigt würden, da er sonst die Ölproduktion nicht garantieren könne. Öl hatte Vorrang - ohne Öl kein Krieg. Das wurde nicht immer, aber meistens von den SS-Kommandanten eingesehen. Ihr Todeszug fuhr auf zwei Gleisen: Direkte Vernichtung der nichtarbeitsfähigen jüdischen Bevölkerung und daneben die langsamere "Vernichtung durch Arbeit".

Die Essener Synagoge, größter Sakralbau im maurischen Stil diesseits der Alpen, -hier vor 1938 - ist heute die zentrale Gedenkstätte des Ruhrgebiets.

9. November 1938: in der Pogromnacht wird auch die Essener Synagoge vom SA-Pöbel geschändet.

Berthold und Else Beitz, die als junges Ehepaar in Galizien hunderte von Menschen retteten.

Berthold Beitz mit seiner Frau Else und Ignatz Bubis bei ihrer Ehrung in Essen.

Beitz stellte die "Rettung durch Arbeit" dagegen, ob bewußt oder unbewußt, ist ihm nicht mehr wichtig. "Wenn Sie selbst ein Kind haben und sehen, was da geschieht, wissen Sie, was Sie tun müssen." Er besorgte eigene Unterkünfte für die jüdischen Beschäftigten der Ölfirma, so daß sie nicht mehr ins Ghetto mußten, das die SS in Boryslaw wie überall eingerichtet hatte: Mit einem "Judenrat", der die "Transport-Listen zur Umsiedlung" zusammenstellen mußte. Das war die Selbstbestimmung der Todgeweihten.

Die jüdischen Arbeiter und Angestellten der "Karpathen-Öl A.G." unter Leitung des Direktors Beitz bekamen Sonderausweise mit einem "A" für "Arbeitsjuden", mit einem "R" für "Rüstungsjuden", und es gab solche mit einem "W" für Juden, die im Dienste der Wehrmacht arbeiteten. Beitz vergrößerte die Zahl der jüdischen Männer und Frauen in dem verzweigten Unternehmen durch Anforderung von immer mehr Arbeitskräften, die er zu "unverzichtbaren Facharbeitern" ernannte. Und er ließ, wechselweise, mit dem gleichen Ausweis mehrere Arbeiter oder Angestellte arbeiten.

*Es war in einer Sommernacht*

Im März 1942, zwei Monate nach der "Wannsee-Konferenz", begann im Generalgouvernement die "Aktion Reinhard", deren Ziel unter Führung des SS-Obergruppenführers Globocnik es war, das besetzte Polen umgehend "judenrein" zu machen. Der Massen-Mord wurde systematisiert. Im August 1942 hatte Berthold Beitz sein "Schlüsselerlebnis".

Eines Nachts sah er, wie die SS das jüdische Waisenhaus von Boryslaw räumte, wie die Kinder barfuß in ihren Nachthemdchen zum Bahnhof getrieben wurden und dort auf ihren Abtransport warten mußten. Da hatte es schon zwei große "Aussiedlungsaktionen" in Boryslaw gegeben; eine nannten sie die "Invaliden-Aktion"; das war der Abtransport der Frauen, Alten und Kranken. Und nun waren es die Waisenkinder. Beitz sah, wie Männer und Frauen in Viehwaggons klettern mußten und die Kinder an sich nahmen. In einem der vielen Interviews, denen er sich später als Zeitzeuge stellen mußte, erinnerte er sich, daß ein deportierter Jude der SS zurief: "Ich bin Arzt!" Und die Antwort bekam: "Auch im Himmel werden Ärzte gebraucht." Das war die Nacht, als Berthold Beitz die Wahrheit gesehen hatte. Wenig später hat Else Beitz mehrere jüdische Kinder im Haus, und auch andere finden hier Zuspruch und Nahrung.

Seit dieser Sommernacht wußte Beitz, daß es keine Transporte zur "Umsiedlung" waren - er wußte, was er bis dahin weder glauben konnte noch wollte, daß die abtransportierten Menschen getötet wurden. Auch bei Polen und Juden sprach sich das herum. Da war eine nackte Frau aus dem Zug gesprungen und anderswo ein junger Jude in letzter Minute geflüchtet; sie hatten geschildert, was sich jeder Schilderung entzog. Einzelne fanden sich nicht mehr, wie befohlen, an den "Sammelpunkten zur Umsiedlung" ein; die SS mußte sie zusammentreiben. Hörte Beitz von einer bevorstehenden "Aktion", gab er manchen ein Warnzeichen, und so verschwanden viele in den Wäldern der Karpaten. Etwa 6000 Juden wurden im August 1942 von Boryslaw in das Vernichtungslager Belzec geschafft. Einige konnte Beitz retten - so am 6. August 1942.

Am frühen Morgen hatten SS-Einheiten mit ukrainischen "Milizen" in Boryslaw das Ghetto abgeriegelt und mehrere tausend Menschen zum Bahnhof getrieben. Beitz erfuhr, daß auch Frau Lockspeiser, eine jüdische Sekretärin der Firma, dabei war. Er raste zu den Bahngleisen, verlangte von SS und Polizei die Freigabe der Sekretärin und all seiner Facharbeiter, drohte mit dem Zusammenbruch der kriegswichtigen Ölproduktion, lief von Waggon zu Waggon und rief: "Frau Lockspeiser, kommen Sie heraus." Aber die hörte ihn nicht in all dem Geschrei. Doch ein Mädchen namens Hella Klinghofer und ein Mann namens Zygmunt Spiegler riefen: "Herr Direktor, nehmen Sie mich". Beitz reagierte blitzschnell, half ihnen aus den Waggons, erklärte den SS-Wachen: "Das sind meine Fachkräfte, die brauche ich." Er fragte die Menschen voller Todesangst nach Berufen - was sie auch antworteten, er forderte sie auf, herauszukommen und ließ sie an der Seite des Bahnsteiges als "Fachkräfte" Aufstellung nehmen. 250 Männer und Frauen rettete Beitz an diesem Tag im August.

Nach dem Kriege haben viele der Geretteten über Beitz ausgesagt: Samuel Wegner, der damals 19 Jahre und schon im Waggon war; Artur Birmann, der als 14jähriger Klempner-Lehrling bei Beitz gearbeitet hatte und mit seiner Mutter vom SS-Reiterzug zum Bahnhof gejagt worden war, Moshe Bergmann, den Beitz nie zuvor gesehen hatte und von dem er gegenüber dem SS-Offizier behauptete: "Der arbeitet bei mir - auf den kann ich nicht verzichten." 250 Männer und Frauen waren es an jenem Sommermorgen. " Es war ein seltsames Bild im fahlen Morgenlicht da auf dem Bahnsteig", erinnert sich Beitz.

Nicht immer gab die SS nach. Beitz hat von einer jüdischen Sekretärin berichtet, die er aus einem Viehwaggon herausgeholt hatte und die ihn dann fragte: "Mit Verlaub, Herr Direktor, ist es erlaubt, meine Mutter herauszuholen?" Beitz sagte ja, doch dann kam ein SS-Mann und fragte, was mit der alten Frau sei. Das sei die Mutter und auch die arbeite bei ihm, sagte Beitz. Doch die SS schickte die Mutter zurück in den Viehwagen. Da habe die Sekretärin gesagt: "Wenn es erlaubt ist, Herr Direktor, dann gehe ich auch zurück." So fuhren Mutter und Tochter mit den anderen in den Tod.

Es gibt viele solcher Erinnerungen im Leben des Berthold Beitz, auch wenn er nicht oft davon spricht. Seine persönliche Sekretärin in Boryslaw war die Berliner Jüdin Hilda Berger, der er damals versprach: "Nach dem Kriege lade ich Sie mal zum Essen ein." Das Dinner hat stattgefunden, viele Jahre später in New York, wo die gerettete Sekretärin eine neue Heimat fand. Ihr Lebensretter war da bereits ein arrivierter deutscher Industrie-Manager.

"Manche wollen einen Helden aus mir machen", sagt Beitz gelegentlich über sich selbst. "Aber das war ich nicht. Ich war ein Mensch." Er will selbst nichts verklären, nennt es auch nicht "Widerstand", was er und seine Frau Else in der Zeit Hitlers und Himmlers getan haben. Auf die Frage, wie es ihm möglich gewesen sei, sich bei SS und Sicherheitsdienst so nachdrücklich und wirkungsvoll durchgesetzt zu haben, gibt der 82jährige Manager "Auf dem Hügel" der Krupps eine ebenso simple wie einleuchtende Erklärung:

"Die SS-Offiziere haben wohl geglaubt, ich hätte einen besonderen Draht nach Berlin. Das konnte doch keiner glauben, so wie ich damals aussah, immer in Zivil war, mit Dienstwagen undsoweiter, daß ich keine besonderen Beziehungen hätte. Die haben sich vorgesehen, weil sie nicht wußten, wer ich eigentlich war." Manche hatten ihm einen besonderen Kontakt zu Göring nachgesagt, andere gemunkelt, Else Beitz wäre mit der Frau des SS-Generalgouverneurs Frank verwandt - keines der Gerüchte stimmte. Die Mörder waren im Untertanen-Geist erzogen und hatten Angst vor ihrer eigenen Obrigkeit. Sie waren Mörder und Karrieristen unter dem Totenkopf.

1944 wurde Berthold Beitz von seinem Posten abberufen und zur Wehrmacht einberufen. General von Unruh, den die Landser "Heldenklau" nannten, ging um. Das Mißtrauen der SS gegen den Zivilisten Beitz auf den Ölfeldern hatte sich herumgesprochen.

****

Nachtrag:

Dieses Kapitel findet seine Fortsetzung nach dem Kriege mit der Karriere des Berthold Beitz an der Spitze der ältesten und größten deutschen Rüstungsfirma. Alfried Krupp von Bohlen und Halbach, 1945 vor der "Villa Hügel" statt seines verhandlungsunfähigen Vaters Gustav Krupp von der US-Army verhaftet und in Nürnberg 1949 wegen "Plünderung und Förderung von Zwangsarbeit" zu zwölf Jahren Gefängnis verurteilt, machte 1953 Beitz zu seinem Stellvertreter. Anfang 1951 auf Drängen des US-Hochkommissars John McCloy aus dem Kriegsverbrecher-Gefängnis Landsberg am Lech entlassen, bei Freigabe des konfiszierten Krupp-Vermögens, gab er seinem künftigen Chefmanager Beitz die Weisung: "Keine Waffen mehr." Beitz hat nach dem Tode Alfried Krupps das weltbekannte Familien-Unternehmen in eine Stiftung umgewandelt und vom Ruf der "Waffenschmiede des Reiches von Bismarck bis Hitler" befreit. Als erster deutscher Unternehmenschef ließ er nach Gesprächen mit Nahum Goldman zehn Millionen D-Mark an den Jüdischen Weltfonds für die Hinterbliebenen und Opfer der Zwangsarbeit in den Kruppschen Werken überweisen. Davon spricht er so wenig wie von seiner Hilfe für Polen, wo er in den 70er Jahren ein Heim für behinderte Kinder mit einem Millionen-Betrag ausstattete.

Berthold Beitz wurde zu einem gesellschaftlich und politisch umworbenen Spitzen-Manager der wieder erstarkten deutschen Industrie: ein deutscher Top-Manager mit weißer Weste. Als seine Nachkriegskarriere begann, so erinnert er sich, hätten es "manche gerne gesehen, wenn ich auch ein paar braune Flecken auf der Weste gehabt hätte." Viele haben seine Vergangenheit durchwühlt, aber es fanden sich nur Zeugen seiner Menschlichkeit. Ein Vorbild auf dem Kruppschen Hügel, in dessen Umkreis es damals an die 40 Lager für Zwangsarbeiter gab. Davon handeln andere Kapitel dieses Buches.

# Die tapfere Gefährtin des Hl. Franziskus

Im Diözesan-Archiv der aus den Trümmern des Bomben-Krieges wiedererstandenen fürstbischöflichen Residenzstadt Würzburg werden die Lebenserinnerungen der Schwester Cläre Barwitzky verwahrt und auch die Urkunde und Medaille von Yad Vashem, die sie als eine "Gerechte unter den Völkern" ausweisen. Cläre Barwitzky gehörte zur Gemeinschaft der "Gefährtinnen des Hl. Franziskus", dem "Apostel der Freude", wie sie Franz von Assisi beschreibt, in dessen Sinne sie die Botschaft von Liebe, Glück und Pflichterfüllung als ihre Lebensaufgabe verstand. Im besetzten Frankreich hat die deutsche Schwester 1943 mindestens 30 jüdische Kinder vor Deportation und Vernichtung gerettet.

****

Eigentlich wollte sie Lehrerin werden, die 1913 geborene Tochter des Eisenbahnschaffners Barwitzky aus Neiße in Oberschlesien. Der hatte vier Kinder zu versorgen, da reichte das Geld nicht für ein Lehrerstudium. "Trotzdem verlebten wir eine glückliche und sorglose Kinderzeit." Im "Quickborn", dem Bund der katholischen Jugend-Bewegung, fand Cläre jenes Gemeinschafterlebnis, das sie suchte; wurde Seelsorge-Helferin und nach dem Abitur von einem französischen Pfarrer als Sekretärin nach Lyon geholt. Pfarrer Remmillieux war geistlicher Betreuer der "Compagnons de Saint François", einer 1927 gegründeten französisch-deutschen Friedensbewegung. Cläre Barwitzky wurde ihr überzeugtes und engagiertes Mitglied. Anderthalb Jahrzehnte später hat sie, ohne Rücksicht auf ihr eigenes Leben, im Geiste der christlichen Botschaft "Friede unter den Menschen" gehandelt. Das war 1942/43, dem Jahr der großen Juden-Deportationen.

Der Krieg hatte Schwester Barwitzky - die nach einem zweijährigen Examens-Seminar 1935/37 in Freiburg die verwaiste Pfarrei Vaujany in den französischen Alpen betreute - als Deutsche in Frankreich überrascht, wo alle Deutschen, auch die Flüchtlinge vor Hitler, interniert wurden. Als die "Resistance" immer aktiver und die Reaktionen der Besatzungsmacht immer härter wurden, verschwand Schwester Claire alias Cläre 1941 als Familienpflegerin in einem Heim bei St. Etienne an der Loire. Das wurde von ihrer Freundin Juliette Vidal - wie sie eine "Gefährtin des Hl. Franziskus" - geleitet. Bald war es ein illegales Asylantenheim für jüdische Mädchen. Bei den Schwestern, so hofften die verfolgten Eltern, würden sie am ehesten Schutz vor der Gestapo und der französischen Polizei finden. Sie täuschten sich nicht.

Schwester Claire, die sich der Tarnung wegen nun "Agnès" rufen ließ, übernahm die Pflichten einer "Hausmutter" - und nicht nur das. Ein Zitat aus ihren Erinnerungen:

"Jüdische Familien, französische und aus allen Teilen Europas nach Frankreich geflüchtete, vertrauten uns ihre Kinder an, um sich besser verstecken zu können. Eines unserer jüdischen Mädchen war ständig unterwegs, um die Kinder auf dem Land unterzubringen unter dem Vorwand, daß man die Kinder wegen der Bombardierungen von St. Etienne, einer Industriestadt, aufs Land bringen wolle. Daß es sich um jüdische Kinder handelte, verschwiegen wir."

Außer 30 von ihren untergetauchten oder deportierten Eltern getrennte jüdische Kinder waren auch andere Verfolgte im Hause: Zwei katholische Schwestern jüdischer Abstammung aus Belgien, eine Jüdin aus Paris und eine aus St.Etienne sowie ein jüdisches Ehepaar aus Polen mit Sohn. Sie alle lebten in ständiger Angst. Die Schwestern gaben ihnen Pflichten und Aufgaben: Felice, eine der Belgierinnen, wurde "Mutter" der Mädchen; Schwester Claire, alias Agnès, "Mutter" der Jungen. Sie erteilten Unterricht und versuchten, den Kindern eine liebevolle, fast familiäre Atmosphäre zu verschaffen.

Der vorgetäuschte Hausfrieden wurde jäh unterbrochen, als ein Pfarrer aus Luxemburg auftauchte und erkennen ließ, daß man draußen wußte, wer bei den Schwestern lebte und welche Kinder sie bei sich hatten. War dem Unbekannten aus Luxemburg zu trauen? War er wirklich Pfarrer oder war er ein Spitzel? Die Angst war unbegründet: Der Luxemburger erwies sich als Kontaktmann der "Resistance", war kein verdeckter Ermittler der französischen oder deutschen Polizei. Schwester Claire schrieb 40 Jahre später in ihren Memoiren: "Er kam nun öfter und ermutigte uns, durchzuhalten." Und sie hielten durch, die "Gefährtinnen des Hl. Franziskus" in St. Etienne, allen Widerwärtigkeiten und Gefährdungen zum Trotz.

Schwester Claire, nun Agnès, brauchte angesichts ihrer Glaubens- und Seelenstärke offensichtlich kaum Zuspruch. Und Mut hatte sie mehr als mancher Mann. Als die Judenverfolgungen der deutschen Besatzungsmacht und ihrer französischen Kollaborateure immer gezielter wurden, fuhr sie eines Tages nach Lyon, um zwei Kinder abzuholen. Darüber notierte sie: "Man hatte sie allein in einer Wohnung gefunden. Die Eltern waren ergriffen und abgeführt worden." Schwester "Agnès" holte die beiden Jungen im Alter von drei und fünf Jahren aus der Wohnung. Am Bahnhof Lyon gerieten sie in einen alliierten Luftangriff. Bomben fielen links und rechts der Gleise. Warten in Angst und Furcht, fremde Menschen auf dem Bahnhof und sie mit den jüdischen Kindern an der Hand. Wird der Zug fahren?
Fünf lange und bange Stunden dauerte die Zugfahrt von Lyon bis Chamonix, fünf Stunden voller Sorge, die Jungen könnten sich verplappern. Sie hätten ja fragen können, wo ihre Eltern sind? Oder warum man sie abgeholt hatte? "Es waren hübsche und intelligente Buben, glücklicherweise zu klein, um die Situation zu erfassen und zu erzählen, was sie erlebt hatten. Das Abteil war voller Leute, die sich für die Kinderchen interessierten - fünf Stunden nichtssagende Konservation! Fünf Stunden, die Buben zu bändigen. Als wir in Chamonix ankamen, erwartete man mich am Zug. Ich konnte nicht mehr..."

Im Sommer waren die Schwestern von St. Etienne - nicht nur deshalb, aber mit dieser Begründung - vor den Luftangriffen mit den (jüdischen) Kindern nach Chamonix ausgewichen, die sie vorher zu waschechten Franzosen gemacht hatten. Dazu war die deutsche Schwester im besetzten Frankreich zur Fälscherin avanciert. "Unter einigen Betten standen Schüsseln mit Wasserstoffsuperoxyd. Man tauchte die Ausweise hinein, die Schrift wurde ausgebleicht; dann wurden erfundene Namen und die französische Staatsangehörigkeit eingeschrieben."

So hatten 30 jüdische Kinder, deren Eltern entweder versteckt oder deportiert waren, eine neue Identität erhalten. Die mutigen "Gefährtinnen des H. Franziskus" verbrachten mit ihnen sogar ein paar Ferienwochen, gemeinsam mit Kindern einheimischer Familien, in Berghütten oberhalb von Chamonix, hoch in den Alpen, dem Himmel nahe und den Kontrollen ferner denn je zuvor. Als die Blätter fielen und es kalt wurde in den Bergen, besorgte der Bürgermeister von Chamonix auf Wunsch der Schwestern eine kleine Pension, in der sie mit ihren 30 Kindern untertauchten. Dort haben sie überlebt, die jüdischen Kinder und Schwester Cläre mit ihren "Gefährtinnen des Hl. Franziskus".

****

Schwester Barwitzky hat 40 Jahre später über diese Zeit in ihren "Memoiren von Chamonix" geschrieben: "Ein Jahr voller Güte, Hinwendung zum anderen, Vertrauen, Liebe, Freude und schwesterlicher Zusammenarbeit. Ich kann keine andere Zeit in meinem Leben finden, die dieser vergleichbar wäre." Cläre Barwitzky, die nach dem Kriege in Meiningen und Leipzig, der damaligen DDR, als Seelsorge-Helferin und Schwester arbeitete, starb 1989 im Alter von 76 Jahren. Am 19. Mai 1992 wurde sie posthum in der israelitischen Gemeinde Würzburg als "Gerechte der Völker" ausgezeichnet. Israels Botschafter Navon würdigte sie als eine "von wenigen, deren Mut den Funken der Hoffnung an das Gute im Menschen nicht verglimmen ließen." Bei einem Gottesdienst im Würzburger Dom nannte ihr Thüringer Prälat sie schlicht eine "Zeugin des Friedens". Mehr wollte sie wohl auch nicht sein, die tapfere Gefährtin des Hl. Franziskus.

## Schicksale aus der deutschen Hauptstadt

Etwa 50 000 Berliner Juden wurden Opfer des Naziterrors. Zwischen 4000 und 5000 konnten vor der Deportation in der Viereinhalb-Millionenstadt untertauchen, wurden versteckt und viele von ihnen gerettet. Zur Ehrung der Retter stiftete der Berliner Senat 1960 die Aktion "Unbesungene Helden."

****

### Der Besenbinder, seine Frau und die Blinden

> Beschluß: "Der Senat von Berlin spricht Frau Else Weidt Dank und Anerkennung aus, daß sie während der nationalsozialistischen Gewaltherrschaft ohne Rücksicht auf die eigene Sicherheit bedrängten Verfolgten Schutz und Hilfe gewährt hat."
>
> Berlin, den 9. November 1958
> Willy Brandt, Reg. Bgmstr.

Als Else Weidt mit diesem Beschluß eine monatliche Zusatzrente von 50.- DM aus dem Härtefonds der Stadt Berlin – neben ihrer Witwenrente von 195.- DM – zuerkannt wurde, war ihr Mann seit elf Jahren tot. Die herzkranke Witwe war 1956, fünf Jahre vor dem Mauer-Bau, aus Ostberlin geflüchtet, wo der Besenbinder Otto Weidt eine Blindenwerkstatt hatte. Hier haben die Eheleute Weidt während des Krieges zahlreiche Juden, vor allem Blinde und Taubstumme beschäftigt, versteckt und fast 30 Menschen vor der Deportation gerettet. Inge Deutschkron, die Berliner Autorin ("Ich trug den gelben

Stern") hat gegenüber Yad Vashem bezeugt, daß Otto Weidt auch sie, als Krüppel getarnt, in seiner Werkstatt untertauchen ließ.

Januar 1943: Aus einem Sammellager für Berliner Juden, deren "Umsiedlung" angeordnet ist, bewegt sich eine mitleiderregende Kolonne von blinden Juden, gezeichnet mit dem gelben Stern, durch die Reichshauptstadt; vorneweg ein Mann mit Blindenstock, Armbinde und Brille, der die Verkehrsteilnehmer zur Vorsicht mahnt. Die ihm folgenden Männer halten sich an den Händen, gegenseitig haltsuchend. Ziel der Kolonne ist die Rosenthalerstraße, Haus-Nr. 39. Dort ist die Blindenwerkstatt von Otto Weidt, der selbst fast zu 90 Prozent erblindet ist. Sein Mut und seine Tatkraft sind davon unberührt.

An einem Vormittag des "Stalingrad-Winters" hatte die Gestapo aus Weidt's Betrieb alle blinden und taubstummen Juden abgeholt und in das Sammellager geschafft. Der Besenbinder ließ das nicht einfach geschehen. Er verlangte umgehend die Freilassung seiner Arbeitskräfte, da er sonst wichtige Wehrmachtsaufträge nicht erfüllen könne. Eine Armee braucht auch im Krieg Bürsten und Besen, sollen Kasernenhöfe und Soldatenstuben blitzsauber sein, wie es die Vorschrift verlangt. Das sahen die Gestapo-Beamten im Januar 1943 noch ein, und Otto Weidt konnte seine blinden und tauben Juden aus dem Lager mitnehmen. Damit sie Bürsten und Besen machten, auch für Gestapo und Kriminalpolizei.

Nach der "Fabrikaktion", mit der die Berliner Juden nach Beginn des Krieges zur Arbeit in Rüstungsbetrieben und anderen Fabriken zwangsverpflichtet worden waren, beschäftigte Otto Weidt durch Vermittlung der Jüdischen Gemeinde zwölf blinde jüdische Arbeitskräfte. Bald waren es mehr und mehr Illegale, auch eine vor dem Abtransport untergetauchte jüdische Familie nahmen Else und Otto Weidt auf. Schließlich waren 165 Juden bei ihnen, mehr als 50 Schwerbehinderte als geduldete Arbeitskräfte für die kriegswichtige Produktion, darunter welche mit gefälschten Papieren oder vorgetäuschten Leiden, andere ohne Papiere, versteckt in Lager- und Werkstatt-Räumen. Die Gestapo tauchte mit unregelmäßiger Bestimmtheit in der Blindenwerkstatt auf, doch Otto Weidt und seine Frau legten Lieferaufträge und Bestell-Listen von Militärbehörden und kriegswichtigen Betrieben vor. "Nehmen Sie uns die Leute weg, können wir nicht rechtzeitig liefern." Meistens klappte es und sie konnten weiterarbeiten mit blinden Juden. Einige hatte er sich Anfang des Krieges vom Arbeitsamt ausdrücklich zuweisen lassen. Manchmal gegen kleine Bestechungen, die eher Gefälligkeiten waren. Gute Bürsten waren, wie die meisten Gebrauchsartikel, knapp im Krieg. Auch die Frauen von Gestapo-Beamten wollten wenigstens ihre Wohnungen sauberhalten.

Die erste große Deportation zur "Umsiedlung" fand in Berlin im Oktober 1941 statt. Als der Bürstenmacher davon hörte, ging er, mit Blindenstock und dunkler Brille, in die Höhle des Löwen, ins "Juden-Referat" der Gestapo und forderte die Freistellung seiner jüdischen Arbeitskräfte. Daß Blinde besonders geschickte Hände haben und Qualitätserzeugnisse liefern, war nicht sein schwächstes Argument. Im "Juden-Referat" gab man nach, vermutlich in der festen Überzeugung, daß ohnehin kein Jude seinem Schicksal entgehen werde.

Das Wagnis seiner mutigen Vorsprache in der Berliner Gestapo-Zentrale krönte er 1944 mit einem tollkühnen Rettungsversuch, als eine jüdische Sekretärin, die er verbotenerweise beschäftigt hatte, verhaftet und über Theresienstadt nach Auschwitz deportiert worden war. Otto Weidt bot der Verwaltung im Industrie-Komplex Auschwitz, unter Hinweis auf Lieferbestätigungen der Berliner Gestapo an seine Firma, die gesamte Palette seiner Bürsten und Besen an. Während sein Angebot geprüft wurde, schaffte er es über Kontakte zu Widerstandsgruppen, seiner Angestellten im Lager einen Zettel mit Tips zur Flucht zukommen zu lassen. Die Flucht gelang. Die Sekretärin überlebte. Der Mann, der kaum noch sehen konnte, sah mehr als die meisten seiner Zeitgenossen.

****

Durch die Hilfe und Unterstützung von Otto und Else Weidt haben mindestens 27 Verfolgte überlebt. In den Berliner Akten von 1958 zur Gewährung einer Extra-Rente von monatlich 50.- DM für Else Weidt heißt es im Amtsdeutsch:" Das Ehepaar Weidt hat sich völlig selbstlos und uneigennützig für ihre Schützlinge eingesetzt ... Obwohl es selbst... weder verhaftet oder verurteilt noch akuten Verfolgungen seitens der Gestapo ausgesetzt war, so kann doch nicht bezweifelt werden, daß sie während der Hitlerzeit unter einem starken Verfolgungsdruck aus Furcht vor Entdeckung ihres Handelns gestanden haben." Womit das vorbildliche Verhalten des halbblinden Berliner Besenbinders und seiner Frau mehr als ein Jahrzehnt nach dem Kriege amtlich bestätigt war. Die Ehrung als "Gerechte der Völker" erfolgte 1971. Da war Otto Weidt schon fünfzehn Jahre tot. Die Gerechtigkeit braucht Zeit.

# Die vergessenen Retter der Ilse Grün

Nicht alle Deutschen, die in der Zeit der großen und kleinen Hitlers und Himmlers verfolgte Juden und Nichtjuden versteckten oder retteten, sind bekannt. Auch die meisten Berliner nicht, denen Ilse Löwenberg, die damals noch Ilse Grün hieß, ihr Leben verdankt. Sie waren nach dem Kriege erst ausfindig zu machen. Dennoch hat Frau Löwenberg, deren erster Ehemann Hans Grün noch im März 1945 im KZ Sachsenhausen ermordet worden ist, in den siebziger Jahren von Amerika aus, wohin sie ausgewandert war, bei der Gedenkstätte Yad Vashem die Ehrung ihrer Retter beantragt.

Hans und Ilse Grün erhielten im Januar 1943 in Berlin die Aufforderung, sich zum "Transport" zu melden, aber sie stellten sich nicht der Gestapo, sondern verschwanden im Untergrund der Reichshauptstadt. Ganz unterschiedliche Berliner Familien versteckten sie, solange es jeweils ging, halfen ihnen mit Lebensmittelkarten, mit Kleidung und Verpflegung, vor allem, wenn sie ein Versteck verlassen und ein anderes aufsuchen mußten. Dann galt es, besonders vorsichtig und argwöhnisch zu sein. Die Gestapo und ihre Spitzel waren überall und nirgends zugleich.

Manche Freunde und Helfer von Ilse und Hans Grün - er wurde später gefaßt - wurden wegen verbotener "Begünstigung von Juden" hart bestraft. So Johanna Schallschmidt, die Ilse Grün wiederholt versteckte und nach deren Flucht von einem Deportationszug bei anderen Familien unterbrachte. Johanna Schallschmidt wurde am Telefon abgehört, verhaftet und kam selbst ins Konzentrationslager. Sie hat es überlebt, jedoch lebenslang schwere Gesundheitsschäden zurückbehalten. Der Berliner Hans Luma bezahlte seine Hilfe für Ilse Grün mit dem Leben.

Im Sommer 1979 flog Ilse Löwenberg, verwitwete Grün, aus ihrer neuen Heimat Amerika nach Israel und beantragte in der Gedenkstätte Yad Vashem die Ehrung ihrer Retter. Zitat: "Ich möchte auch Herrn Walter und Frau Luise Kulka auf die Liste derer setzen, die ich geehrt sehen möchte. Frau Kulka gab mir ab 1943 ständig Lebensmittel und Brotabschnitte (Bons der Lebensmittelkarten). Herr und Frau Kulka wußten, daß wir Juden waren, und doch halfen sie uns, wann immer sie konnten. Ebenso taten es Kulkas Eltern. Sie halfen nicht nur meinem Mann und mir, sie gaben auch meinen beiden Schwestern Lebensmittel während der Zeit, in der sie sich versteckt halten mußten."

Sechs Jahre dauerte es, bis im Dezember 1985 Pnina Ben Ari, die Frau des damaligen israelischen Botschafters in Bonn, der Tochter von Walter und Luise Kulka die Medaillen und Urkunden von Yad Vashem für ihre Eltern aushändigen konnte. Frau Kulka erlebte das nicht mehr, und Walter Kulka aus Steglitz war 78 Jahre alt und zu krank, um an der kleinen Feier der Berliner Jüdischen Gemeinde in der Fasanenstraße selbst teilzunehmen.

So kam keiner der Retter von Ilse Löwenberg, verwitwete Grün, mit seinem Bild in die Zeitungen wie es ansonsten üblich ist bei solchen Gelegenheiten. Die Zeit war über ihre Taten hinweggegangen, nicht jedoch der Dank und die Erinnerung der geretteten Ilse Löwenberg, vormals Ilse Grün aus Berlin.

Major Max Liedtke während seiner Kommandantenzeit im polnischen Przemysl.

Ehrung für Kurt und Herta Fuchs durch den israelischen Botschafter Avi Primor im Beisein von Ministerpräsident Biedenkopf.

Dr. Ing. Fritz Straßmann und seine Frau Dr. Ing. Maria Straßmann, die beiden Wissenschaftler, die in Berlin mehreren Verfolgten ein Versteck boten.

Hans Calmeyer rettete Tausende von holländischen Juden vor den Gaskammern der Nazis.

# Der Werkmeister mit dem roten Parteibuch

Monat für Monat hatte Wilhelm Daene Beitragsmarken in das rote Migliedsbuch der SPD geklebt, bis seine Partei 1933 von den Nazis verboten und er, wie Tausende seiner Genossen, verhaftet wurde. Wilhelm Daene, dessen Frau eine kleine Buchhandlung hatte, war ein besonders aktiver Sozialdemokrat im Ortsverein Weißenfels gewesen; er hatte Kontakte und blieb seiner Überzeugung auch noch treu, als er ein zweites Mal hinter Gitter gebracht worden war. Als Hitlers Aufrüstung die Wirtschaft im "Dritten Reich" auf Touren brachte und die Arbeitslosen wieder Jobs hatten, wurde Wilhelm Daene gebraucht und Werkmeister bei der Firma TEVES in Berlin-Wittenau. Er war ein guter Fachmann und die Firma ein kriegswichtiger Betrieb.

Auch der Direktor bei TEVES war bis 1933 Sozialdemokrat. Im Juni 1941, als Hitlers "Rußland-Feldzug" begann und nicht nur in Berlin viele Deutsche überzeugt waren, daß Deutschland den Krieg verlieren werde, wurden dem Werkmeister Daene in der Fabrik jüdische Zwangsarbeiterinnen unterstellt. Das war eine Anordnung des Direktors, der den Werkmeister richtig einschätzte. Er irrte sich nicht. Wilhelm Daene kümmerte sich mehr als alle anderen um die jüdischen Frauen, sorgte für bessere Verpflegung und längere Pausen. Das waren Erleichterungen, die den Frauen in all ihrem Elend einen Funken Hoffnung gaben.

Im Jahr darauf, nach der berüchtigten Konferenz am Berliner Wannsee, wurden auch Jüdinnen aus der Fabrik der Firma TEVES zur Deportation auf die Liste gesetzt. Wilhelm Daene war weder Unternehmer noch in der NSDAP wie Oskar Schindler. Er war nur Werkmeister und als zwei Mal verhafteter ehemaliger Sozialdemokrat der Gestapo höchst suspekt. Dennoch intervenierte er zugunsten der Zwangsarbeiterinnen unmittelbar bei der Geheimen Staatspolizei. Das Argument war, wie in anderen Fällen, immer das gleiche: Die

Arbeit der Frauen ist unentbehrlich für den geordneten und termingerechten Ablauf der kriegswichtigten Produktion.

Nicht nur einmal, mehrmals gelang es Daene, bei ihm arbeitende Frauen mit dem gelben Stern vor dem Abtransport zu bewahren. Dabei gab es dramatische Stunden: Margot Wolf hatte schon alle Hoffnung aufgegeben; sie war bereits im Sammellager zum Transport nach Auschwitz, als Daene sie herausholte. Sie hat den Faschismus überlebt.

1944, dem Jahr des mißlungenen Attentats auf Hitler, wurde der Sozialdemokrat Daene wegen Zugehörigkeit zu einer politischen Widerstandsgruppe verhaftet. Während er im Kerker saß, kümmerte sich seine Frau unter größter Gefahr, wurde sie doch von der Gestapo beobachtet, ganz alleine um die Zwangsarbeiterinnen im Betrieb. Sie besorgte Lebensmittel und sie suchte neue Verstecke für Frauen, die geflüchtet und untergetaucht waren. Auch ihre Wohnung wurde zum Versteck. Gerda Lesser war eine Zeitlang dort, dann fand die Gestapo sie bei einer Hausdurchsuchung; sie wurde deportiert und in Auschwitz ermordet. Eine von 50 000 Berliner Opfern des Holocaust.

Ursula Finke wurde verhaftet, kam jedoch mit dem Leben davon. Lola Alexander blieb bis zum Kriegsende bei Frau Daene versteckt. Auch die Belgierin Emilie Ancieaux-Korn sowie Lotte Josephy und Gertrude Sachs, die nach Sydney auswanderte, verdanken ihr Leben dem engagierten Werkmeister mit dem roten Parteibuch und seiner Frau, der ehemaligen Buchhändlerin aus Berlin-Weißensee.

Im November 1978 haben Wilhelm und Margarete Daene in der "Allee der Gerechten" ihren Baum gepflanzt. Zur Erinnerung an jene Frauen, die sie vor dem Tode retten konnten. Sie haben gewußt, daß dies auch ihr Tod hätte sein können. Sie haben es dennoch getan.

# Der Drogist und das Labor im Keller

In Berlin-Schöneberg hatten Walter und Anny Kreddig in der Frobenstraße eine Drogerie. Dort gab es einen Keller, in dem der Chemiker Horst Wienskowski mehrere Jahre lang versteckt war und illegal arbeitete, ehe er 1943 mit seinen Eltern und Brüdern nach Auschwitz deportiert wurde.

Horst Wienskowski war gebürtiger Berliner, jüdischer Herkunft. Er besaß eine chemische Fabrik, zu deren Labor-Lieferanten der Drogist Kreddig zählte. Als die Schlägertrupps der SA in der sogenannten "Reichskristallnacht" vom 9. November 1938 wüteten und vor keinem jüdischen Anwesen Halt machten, rief der Chemie-Fabrikant Wienskowski voller Entsetzen über die Brutalitäten auf der Straße bei Kreddigs an. Die Antwort war so eindeutig wie dringlich: "Kommen Sie sofort mit Ihrer Familie zu uns!" Später sagte der Chemiker: "Wir wußten, daß die Kreddigs die Nazis verabscheuten. Ihr Haus war in dieser Nacht unser Rettungshafen."

Als die Gestapo die Juden von Berlin, nach Listen erfaßt, aus Wohnungen, Werkstätten und Fabriken verschleppte, tauchte die Familie des Chemikers bei Walter und Anny Kreddig unter; manchmal ein paar Tage im Wohnhaus in der Uhlandstraße, manchmal in der Drogerie und deren Keller. Manchmal blieben sie wochenlang - zwischendurch mußten andere Unterschlüpfe gesucht werden. Die Gefahr der Entdeckung war permanent.

Die Chemie-Fabrik wurde - als "jüdisches Eigentum" - nach dem November-Pogrom enteignet. Walter Kreddig, der Drogist, wußte Rat. Er ließ den Chemiker in seinem Keller wie in einem eigenen Labor arbeiten und allerlei Waren herstellen, die als Produkte der Drogerie vertrieben und verkauft wurden. Kreddig gab den Namen - Wienskowski die Mixtur. Arbeitsteilung im Untergrund unter Todesgefahr für beide und für alle, die davon wußten.

Im Februar 1943 wurde die Familie des Chemikers gefaßt und in die Lager von Auschwitz transportiert. Dort gab es Häftlinge verschiedener Kategorien. Der Häftling Wienskowski aus Berlin hat sich noch nach vielen Jahren erinnert: "Ich schrieb an Herrn Walter Kreddig aus Auschwitz und bat um Hilfe, und sie sandten uns auch dorthin - mit ihrem vollen Namen - Pakete mit Lebensmitteln, Tabakwaren und Bekleidung."

Das war 1943, als die Reichspost aus Berlin an den Häftling Horst Wienskowski, Träger des gelbens Sterns im KL Auschwitz, Pakete schickte, auf denen als Absender stand: Walter und Anny Kreddig, Berlin-Schöneberg, Frobenstraße.

Anny Kreddig wurde 1983 in Berlin mit dem Bundesverdienstkreuz am Bande ausgezeichnet. Sie war die 27. Trägerin des Titels "Unbesungene Helden", der Ehrenaktion des Senats für Berliner, die Verfolgten geholfen haben. Walter Kreddig hat die ehrenvolle Auszeichnung nicht mehr erlebt. Beide wurden zwei Jahre später in die Reihe der "Gerechten der Völker" von Yad Vashem aufgenommen.

Horst Wienskowski, dessen Eltern in Auschwitz umkamen, ging 1947 nach Amerika und nahm den Namen Dennis Winston an. In seinem Antrag an die Gedenkstätte in Jerusalem schrieb er: "Ich verdanke den Kreddigs mein Leben; ebenso eine Familie Schlesinger, die in Australien lebt sowie eine in England lebende Familie Wolf." Auch ein Ehepaar namens Monroy bestätigte aus Amerika, daß der Drogist Kreddig und seine Frau es waren, die Berliner Juden vor dem Holocaust gerettet haben. So waren Walter und Anny Kreddig unter den ersten 150 Deutschen, in deren Namen an der "Allee der Gerechten" ein Baum gepflanzt werden durfte.

# Kein Nobelpreis, aber eine Medaille für Menschlichkeit

Eigentlich hätte Dr. Fritz Straßmann mit Lise Meitner und Otto Hahn den Nobelpreis für die Entdeckung der Spaltung des Uran-Kerns erhalten müssen. Das meint nicht nur die heute 90jährige Witwe Straßmanns, die ansonsten wie ihr 1980 verstorbener Mann wenig von dieser umworbensten aller wissenschaftlichen Auszeichnungen hält, sondern die Vergabe des Preises 1945 ausschließlich an Otto Hahn bezeichnen die Wissenschaftshistoriker Elisabeth Crawford (Straßburg), Ruth Lewin Sime (Sacramento) und Mark Walker (Schenectady) als einen der größten Irrtümer des Nobelpreiskomitees. Sie stützen sich dabei auf Dokumente der Nobelstiftung, deren Geheimhaltung nach 50 Jahren beendet ist.
Hat Fritz Straßmann auch nicht den Nobelpreis erhalten, so wurde er doch für seinen persönlichen Mut und seine erwiesene Menschlichkeit als deutscher Wissenschaftler mit der Medaille der Gedenkstätte Yad Vashem ausgezeichnet. Von dem Forscher und Menschen Straßmann soll hier berichtet werden.

## *In der Jugend ein "Wandervogel"*

In Boppard am Rhein, wo schon die Römer siedelten, 1902 geboren, schloß sich der Student der Chemie nach dem Ersten Weltkrieg der demokratischen Jugendbewegung an, die den schönen Namen "Wandervogel" hatte und in allen deutschsprachigen Ländern eine eigene Jugendkultur durch Selbsterziehung und Selbstgestaltung gegen die althergebrachten, autoritären Erziehungsmethoden des Bürgertums entwickelte. Burschen und Mädchen zogen in Gruppen - auf ihre Art Vorläufer der Tramper unserer Zeit - auf Schusters Rappen, den Rucksack geschnürt, durch die Lande, schliefen auf Pritschen in Jugendherbergen oder in Zelten und sangen und musizierten.

Fritz Straßmann hatte sich, wie seine spätere zweite Frau Irmgard, an seinem Studienort Hannover der "Musikanten-Gilde" angeschlossen.

Die Lieder der deutschen Romantik und die alten deutschen Volkslieder machten die Abende am Lagerfeuer zu unvergeßlichen Erlebnissen menschlicher Solidarität und vorurteilsfreier Gemeinsamkeit. Das hat den späteren Atom-Wissenschaftler zeitlebens mitgeprägt. Und der Zweifel an sogenannten ewigen Wahrheiten ist ihm geblieben seit jener Zeit, als er mit seiner Jugendfreundin Irmgard in der "Schauburg" zu Hannover ein Stück des italienischen Schriftstellers und späteren Literatur-Nobelpreisträgers Luigi Pirandello sah, in dem es heißt: "So ist es! Ist es so?" Für Fritz Straßmann war die Situation in Hitler-Deutschland nie so, wie es die Propaganda den Massen einzutrichtern versuchte.

Bei Kriegsbeginn war er, noch keine 40 Jahre alt, als Experte für radioaktive Isotopen engster Mitarbeiter des Chemikers Otto Hahn am Institut der Kaiser-Wilhelm-Gesellschaft in Berlin-Dahlem, die inzwischen nach dem berühmten Physiker Max-Planck-Gesellschaft heißt. Dort wurde 1938 die Spaltung des Uran-Kerns durch die Bestrahlung mit Neutronen entdeckt, wofür Otto Hahn 1945 der Nobelpreis verliehen wurde.

## *Die Angst vor Hitlers Atombombe*

In Amerika war das Team um Robert Oppenheimer überzeugt, daß Männer wie Max Planck, der einstige Freund des emigrierten Albert Einstein, Otto Hahn und Fritz Straßmann die Atombombe für Hitler bauen würden. Der Amerikaner Oppenheimer hatte 1927 in Göttingen seinen Doktor gemacht; man kannte einander, die Weltsprache der Physiker und Chemiker war noch Deutsch. Doch die Wissenschaftler am Kaiser-Wilhelm-Institut in Berlin-Dahlem nutzten ihre Kenntnis von der Uran-Spaltung nicht zum Bau der Superbombe. Der Chemiker Otto Hahn hatte, als man glaubte, die Uran-Spaltung entdeckt zu haben, die aus Berlin nach Skandinavien vertriebene jüdische Physikerin und langjährige Instituts-Kollegin Lise Meitner insgeheim informiert. Deren Bestätigung der wissenschaftlichen Entdeckung schien Hahn unverzichtbar - einer der Gründe vermutlich für den späten Expertenstreit um den Nobelpreis.

Nicht auszudenken, was es über Auschwitz hinaus für die Welt bedeutet hätte, wäre Hitler in den Besitz der Atombombe gekommen, deren furchtbare Folgen nach der Kapitulation Deutschlands Verbündeter Japan zu erleiden hatte. Warum Hitler die "Wunderwaffe" nicht bekam, darüber ist viel spekuliert worden.

"Fritz Straßmann und wohl auch Otto Hahn hätten sich nie dazu hergegeben", sagt Irmgard Straßmann, die ihren späteren Mann seit Mitte der Zwanziger Jahre, den gemeinsam erlebten Wandervogel-Zeiten, kannte. "Albert Einstein und Lise Meitner und die vielen anderen waren ihm unvergessene Vorbilder - nichts deutet daraufhin, daß er bereit gewesen wäre, sein Wissen für den Bau einer Atombombe zu mißbrauchen." Irmgard Straßmann stützt ihre Überzeugung auf die Kenntnis des wissenschaftlichen Nachlasses ihres Mannes, den sie jetzt mit ihren 90 Jahren für die Nachwelt fachlich ordnen läßt.

Der Mensch Fritz Straßmann, den Israel sechs Jahre nach seinem Tod als einen "Gerechten der Völker" geehrt hat, wohnte mit seiner ersten Frau Maria, einer Doktorin der Chemie und Expertin für Silikat-Forschung, während des Krieges in einem Mietshaus in der Ladenbergstraße, Berlin-Dahlem. Dort hat er unter Mißachtung der eigenen Gefährdung eine Berliner Jüdin versteckt und vor der Gestapo gerettet. Ihr Name: Andrea Wolffenstein. Sie hat nach dem Kriege bei der Gedenkstätte Yad Vashem in Jerusalem die Ehrung ihres Retters beantragt. Andrea Wolffenstein war, als die systematischen Deportationen der Berliner Juden begannen, bei zwei Schwestern namens Schiemann untergetaucht. Die Damen gehörten zu jenem kultivierten Kreis der Reichshauptstadt, der sich vor allem in den "Goldenen Zwanzigern" unabhängig von fachlichen Interessen oder akademischen Graden zu literarischen und musikalischen Begegnungen im privaten Rahmen traf. So hat Lise Meitner von einem Abend im Hause Planck berichtet, an dem Max Planck Klavier und Albert Einstein Geige spielte.

Geigerin war auch eine der Schwestern, die Andrea Wolffenstein vor der Gestapo versteckte; die andere Schwester war Professorin für Botanik an der Berliner Universität und beide waren befreundet mit dem Chemiker-Ehepaar Dr. Fritz und Dr. Maria Straßmann. Auch die Schwestern Schiemann wohnten in einem der großen Mietshäuser, wie sie für das alte Berlin bis zur Zerstörung typisch waren. Dort war Andrea Wolffenstein untergekommen. Das ging solange gut, bis der Luftschutzwart des Hauses alle Bewohner registrieren mußte. Als ein schwerer Luftangriff am 1. März 1943 die Hausbewohner in den Keller zwang, war der Luftschutzraum für die Jüdin Andrea Wolffenstein kein Schutz. Jeder hätte sie erkannt.

Frau Wolffenstein erinnerte sich über Jahrzehnte an eine schicksalhafte Begegnung: "Der mit den Damen Schiemann befreundete Dr. Straßmann nahm mich, anläßlich eines Besuches, sofort und ohne Bedenken mit nach Hause, und seine Frau, nicht ahnend, wen er da mitbrachte, nahm mich nach Kenntnis der Lage sofort aufs herzlichste auf, in vollem Bewußtsein aller Gefahren, die mit meiner Anwesenheit verbunden waren." Dachten die Straßmanns an das Unrecht, das Lise Meitner und so vielen anderen geschehen war? "Ich denke, es war für ihn selbstverständlich, so zu handeln", meint seine zweite Frau, die ihren Jugendfreund nach dem Krebstod der Silikat-Forscherin Maria Straßmann geheiratet hat.

Fritz Straßmann hatte nach dem Kriege bald wieder Kontakt mit Frau Wolffenstein, und 1959 besuchte er sie mit seiner zweiten Frau im Seniorenheim "Augustinum" in Dießen am Ammersee. Das war eine erinnerunsträchtige Begegnung mit einer alten Berlinerin, die ohne die Geschwister Schiemann und ohne den Wissenschaftler Fritz Straßmann und dessen Frau deportiert worden wäre wie die vielen anderen. Frau Wolffenstein erinnerte sich, daß Dr. Straßmann - als kriegswichtiger Wissenschaftler ein VIP und von der Polizei mit Argusaugen beobachtet - in seinem Mietshaus das Ehrenamt des Luftschutzwartes innehatte. Das gab ihm zwar eine gewisse Autorität gegenüber den Mitbewohnern, wenn die Sirenen heulten und das Radio meldete "Alliierte Terrorbomber im Anflug auf die Reichshauptstadt", aber daß er in seiner Wohnung eine Frau versteckte, und zwar eine Jüdin, das durfte niemand erfahren. Der Portier des Hauses und die Mieter unter Straßmanns Wohnung waren Mitglieder der Partei. "Sie durften von meiner Anwesenheit auf keinen Fall etwas merken", erzählte Frau Wolffenstein, "und wenn ich allein in der Wohnung war, mußte ich jeden Schritt vermeiden."

Andrea Wolffenstein ist dennoch ziemlich lange bei den Straßmanns versteckt gewesen, bis man eine Möglichkeit gefunden hatte, sie aus Berlin hinaus zu bringen. "Das war dringend nötig, denn die Gefahr, von den vielen Menschen, die mich kannten, entdeckt zu werden, war viel zu groß." So war Andrea Wolffenstein vor der Gestapo verborgen worden, während ihre Schwester Valerie noch in Berlin untergetaucht blieb. Als ihr Asyl gefährdet schien, wandte sie sich an Fritz Straßmann. Ihr Hilferuf war nicht vergebens - der Mann, der mit Otto Hahn vielleicht die Atombombe für Hitler hätte bauen können, handelte auf seine ganz private Weise nach dem ihm gewiß unbekannten Talmud-Spruch: "Wer ein Menschenleben rettet, hat die Welt gerettet."

Dafür gibt es keinen Nobelpreis. Die Ehrenmedaille von Yad Vashem wurde Fritz Straßmann als einem der "Gerechten der Völker" am 29. Juli 1986 posthum verliehen. Nach dem Kriege hat er auf Vorschlag des französischen Physikers Frederic Joliot das Max-Planck-Institut nach Mainz verlagert und die wiedererrichtete Universität dort als Professor seines Fachgebietes mitaufgebaut. 1966 erhielt er mit Lise Meitner und Otto Hahn den Enrico-Fermi-Preis, mit dem einige Jahre zuvor auch der "Vater der Atombombe" Robert Oppenheimer ausgezeichnet worden war. Lise Meitner konnte an der Ehrung nicht mehr teilnehmen - die Jahre der Emigration hatten sie zerbrochen.

# Die Geschichte von der Banalität des Guten

Im März 1961 traf sich im Berliner Kulturzentrum der "Urania" ein erwartungsvolles Publikum. Hans Söhnker, ein populärer Filmschauspieler, las aus dem soeben erschienenen Buch "Rieke Jury, eine Berliner Liebesgeschichte". Die Autorin Herta Zerna hatte, empfindsam und feinsinnig, die Gefühle jenes Mädchens nachgezeichnet, das am Ende des 18. Jahrhunderts dem Bildhauer Gottfried Schadow Modell für die Göttin auf der Quadriga des Brandenburger Tores gestanden hatte. Fünf Monate nach der Lesung in der "Urania" über eine Mädchenliebe von vor mehr als 150 Jahren wurde das Tor vermauert. Berlin war geteilt.

Herta Zerna, die Autorin des Modells der Göttin auf dem Triumphwagen, war eine waschechte Berlinerin, die auf den Spuren Theodor Fontanes durch die Mark Brandenburg mit ihren Seen und Wäldern streifte. Sie kannte sich aus im Umland von Berlin, und das wußte sie zu nutzen, als es darum ging, Verfolgte vor der Gestapo zu verbergen. Darüber hat sie 1965 ihre "Ballade vom kleinen Widerstand oder: Die Banalität des Guten" geschrieben.

Hertas Vater stammte aus dem Spreewald, ihre Mutter war eine Fischerstochter. Im sozialdemokratisch orientierten Elternhaus lernte sie zu verstehen, daß politisch Lied kein garstig Lied sein muß, und sie lernte die alten Lieder und Geschichten aus dem Land zwischen Schorfheide, Havel und Spree, den alten Schlössern und verträumten Winkeln. "Es lag bei Rheinsberg" war ihr erstes Buch nach dem Kriege, ein Buch über ihr Haus mit einem großen Garten, nun jenseits der Mauer, unweit von "Schloß Rheinsberg", wo Kurt Tucholsky einst seine Liebe besang. Zu der Zeit war Herta Zerna nach einem Volontariat beim "Spandauer Volksblatt" Redakteurin des sozialdemokratischen "Vorwärts" in Berlin, ehe sie bei der "Tribüne" in Erfurt arbeitete, wo schon 1930 Hitlers Partei das Land Thüringen regierte. Ein Vorspiel auf das Ende der ersten deutschen Demokratie im Reich.

Herta Zerna, die 1921 mit 14 Jahren der "Sozialistischen Arbeiterjugend" beigetreten war, bleibt 1933 in Berlin, als viele Gesinnungsfreunde flüchten müssen. Sie kümmert sich um Mutter und Geschwister, besorgt Kurierdienste für Freunde in Untergrund und Exil, sucht und nutzt Kontakte zu ausländischen Journalisten während der Olympischen Spiele 1936, dem letzten friedlichen Wettkampf der "Jugend der Welt" vor dem großen Sterben in den Schlachten und Lagern des Zweiten Weltkrieges.

Für Herta Zerna beginnt der Krieg mit einer gefährlichen Aktion: Sie versteckt von der Gestapo verfolgte Regimegegner, darunter 1939 den Sozialdemokraten Otto Suhr, der 1957 Regierender Bürgermeister von Westberlin werden wird. Otto Suhr und seine Frau verdankten Herta Zerna ihr Leben.

Die lange Zeit stellungslose Journalistin darf während des Krieges, als die Männer an der Front sind, Wirtschaftsnachrichten im "Haus des Rundfunks" in der Masurenallee redigieren. Die alten Verbindungen zu ihren politischen Freunden sind weder vergessen noch völlig gekappt. Zum Kreis der Vertrauten gehört der ehemalige "Vorwärts"-Redakteur Alois Florath, der vor 1933 im Großen Schauspielhaus mit Künstlern wie Alexander Moissi und Tilla Durieux "Sprechchöre" und andere Kulturveranstaltungen organisiert hatte. Er ist in Berlin ein bekannter Mann und muß besonders vorsichtig sein.

Als die Verfolgung der Juden in der Reichshauptstadt immer bedrängender wird, bittet Alois Florath seine frühere Kollegin Herta um ein Versteck für Susanne Meyer, die als Jüdin nicht länger bei der befreundeten Ärztin Mathilde Stoltenhoff in Berlin-Lichterfelde bleiben kann. Hertas Versteck für Susanne Meyer "lag bei Rheinsberg", in ihrem Haus mit dem großen Garten. Ein Freund beschaffte falsche Papiere. Aus Susanne Meyer wurde Charlotte Klose. In einer Gartenlaube versorgte Herta sie über die ärgste Not bis zum Ende des Krieges. Das war ihr Verständnis von der "Banalität des Guten", über die sie 1965 geschrieben hat. Jahre später veröffentlichte die deutsch-jüdische Philosophin Hannah Arendt ihren grundlegenden "Bericht von der Banalität des Bösen" über Eichmann, den Buchhalter der arbeitsteilig organisierten Menschenvernichtung.

Herta Zerna fühlte sich von der "Banalität des Guten" herausgefordert. 1941 wird sie von einer Freundin mit Margot Moses bekanntgemacht, die bereits auf der "Transportliste" steht. Herta gelingt es, sie als Hausangestellte in einem Berliner Vorort unterzubringen, dann bei Portiersleuten. Bis die Gefahr dort zu groß wird. Wieder werden falsche Papiere beschafft. Aus Margot Moses wird "Frau Hedder", und Herta Zerna wagt Tollkühnes: Sie besorgt der Jüdin mit den falschen Papieren eine Stellung als Schreibkraft im "Haus des Rundfunks", einer Zentrale der Nazi-Propaganda Goebbels'.

"Frau Hedder", vormals Moses, hatte nun Arbeit im Zentrum des Bösen, aber sie brauchte auch eine gemeldete Wohnung. Ohne Adresse keine Lebensmittelkarten undsoweiter. Herta bringt sie in das unbenutzte Appartment (nicht viel mehr als ein Zimmer) des befreundeten Pressefotografen Otto Donath, der als Kriegsberichterstatter an der Front ist. Im Winter 1944/45 desertiert er. Herta Zerna versteckt auch ihn. Er erlebt das Kriegsende wie seine "Untermieterin" Margot Moses alias Hedder, die 1945 Berlin und Deutschland verläßt und nach Amerika geht.

Das ist das Ende der Geschichte von der Banalität des Guten.

****

In der Berliner Gedenkstätte "Deutscher Widerstand", Stauffenbergstraße, wird die Erinnerung an Herta Zerna wachgehalten. Sie selbst hat davon wenig Wesens gemacht. Sie blieb auch nach dem Kriege ihrer politischen und menschlichen Gesinnung treu, schrieb in Berlin gern gelesene Feuilletons und Geschichten wie die von Rieke Jury, jenem Mädchen, das für die Göttin auf der Quadriga des nun nicht mehr vermauerten Brandenburger Tores vor 200 Jahren Modell gestanden hatte. Herta Zerna hat sie wieder zum Leben erweckt - anderen, Juden und Nichtjuden, hat sie das Leben gerettet. Fürwahr, keine Banalität.

# Report einer doppelten Ehrung:

## Der Major und sein Adjutant

"Mehr als erschießen
können sie uns nicht."

Major Max Liedtke,
Juli 1942 in Przemysl/Polen.

Dies ist der Report einer doppelten Ehrung durch die Gedenkstätte Yad Vashem: Der Ehrung von zwei deutschen Offizieren, die unter Androhung von Waffengewalt die Deportation von 80 bis 100 Juden durch die SS verhinderten. Überlebende haben die Tat bezeugt. Es ist der Report einer einmaligen Konfrontation zwischen Wehrmacht und SS während der "Endlösung" im damaligen "Generalgouvernement". Und es ist ein Report über Antworten auf die Frage: Konnten Deutsche die Ermordung von Juden verhindern? Der Major Max Liedtke und sein Adjutant Oberleutnant Dr. Alfred Battel haben es getan.

****

*Die Recherchen*

Dort, wo der Rhein nach dem Düsseldorfer Knie stromabwärts zur Industriekulisse des weltgrößten Binnenhafens Duisburg abbiegt, reden im Frühjahr 1981 Angelfreunde über die längst vergangene Nazi-Zeit. Einer der Angler ist Jürgen Diebäcker, Reporter der "Rheinischen Post", und ein anderer Karl Stockhofe, engagierter Geschäftsführer der "Deutsch-israelischen Gesellschaft" in Duisburg, der einem Historiker in Israel bei seiner Arbeit helfen möchte. Das ist Dr. Seev Goshen, der beweisen will, daß die Verteidiger des 1962 hingerichteten Adolf Eichmann unrecht mit ihrer These vom

"Befehls-Notstand" hatten, mit ihrer Behauptung, ein Deutscher habe sich einem Mord-Befehl nicht widersetzen können. Der Historiker in Israel war auf den "Fall Battel" gestoßen, auf den deutschen Oberleutnant Dr. Alfred Battel, der 1942 in Przemysl der SS vor einer "Juden-Aktion" gedroht hatte: "Keinen Schritt weiter - oder es wird scharf geschossen!"

Der Reporter vom Rhein machte sich an die Arbeit. Wer war dieser deutsche Offizier, der angeblich Juden vor der Vernichtung bewahrt hat? Und was war damals geschehen? Der Journalist machte einen Sohn sowie die Witwe des Oberleutnants Battel ausfindig, der bereits 1952 verstorben war, ohne daß seine Tat bekannt geworden wäre. Doch der "Fall Battel" stand in den Akten der SS.

In den deutschen Archiven gab es einen Brief Himmlers an Hitlers Kanzleichef Martin Bormann mit der Feststellung, daß man "unmittelbar nach dem Kriege Battel verhaften und zur Verantwortung ziehen werde". Der "Fall Battel" hatte Aufsehen erregt bei den höchsten Dienststellen von SS und Wehrmacht. Als man dem Öl-Manager Berthold Beitz (siehe Kapitel "Der Manager mit der weißen Weste") wegen seines Einsatzes für Juden mehr und mehr mißtraute, wurde auf den "Fall Battel" verwiesen, der sich nicht wiederholen dürfe.

Während der Suche nach Augenzeugen der lokalen Konfrontation zwischen Wehrmacht und SS meldet sich in Israel Michael Gilead, der 1942 erst 16 Jahre alt war und zum Bautrupp der "Arbeitsjuden" zählte, die ihr Leben dem Oberleutnant Battel verdankten. Er bezeugte dessen mutigen Einsatz vor der Gedenkstätte Yad Vashem, die mit Dr. Battel zum ersten Mal einen deutschen Offizier ehren konnte. Im "Hain der Gerechten der Völker" wurde zum 1. Mai 1982 für ihn ein immergrüner Johannesbrotbaum gepflanzt; eingegraben von dem nun 56jährigen Michael Gilead, dem israelischen Historiker Dr. Goshen und dem Reporter aus Düsseldorf am Rhein. Eine späte Ehrung Israels für einen rechtschaffenen deutschen Offizier. Das war bis dahin unvorstellbar gewesen.

Der Report über Tat und Ehrung des Oberleutnants Dr. Battel könnte hiermit beendet sein, wäre da nicht der Zollbeamte Götz Liedtke in Passau. 1989 wird er von einem Unbekannten, der sich am Telefon als "nebenberuflicher Historiker" vorstellt, gefragt, ob sein Vater der Major Max Liedtke war. Ja, das war er, und er war 1942 Ortskommandant in einer ostpolnischen Stadt mit dem unaussprechlichen Namen Przemysl. Doch was dort geschehen war, davon wußte der Zollbeamte in der Dreiflüssestadt Passau nichts.

*Die Brückensperre*

Przemysl ist eine polnische Grenzstadt zur Ukraine. Sie hatte 1942 etwa 58 000 Einwohner, überwiegend polnische Katholiken, auch Ukrainer, sowie etwa 16 000 Juden. Im Sommer 1942 sind mehrere hundert junge Männer als "Arbeitsjuden " bei der Wehrmacht beschäftigt. Sie haben spezielle Ausweise und werden vor allem bei der Eisenbahn eingesetzt, deren Züge hier von der europäischen Normalspur auf die russische Breitspur wechseln. Im Sommer 1942 kommen aus Rußland viele Lazarettzüge mit verwundeten deutschen Soldaten, die in Przemysl versorgt und umgebettet werden. Sogenannte "Wehrmachtsjuden" helfen den Rot-Kreuz-Schwestern beim Transport der Verwundeten von Waggon zu Waggon. Sie arbeiten auch bei der Herstellung der unverzichtbaren Panjewagen, des Zaumzeugs und auf dem Pferdegestüt. Es gibt viele Handwerker unter den Juden. Wer zwischen 15 und 35 Jahren ist, wird bis auf weiteres "Arbeitsjude" oder "Wehrmachts-Jude". Bald kritisiert die SS, daß sich "bei Wehrmacht-Dienststellen Unteroffiziere ihren eigenen Haus- oder Hofjuden als Putzer halten." Für die jüdischen Sklaven ist jede Arbeit eine vage Chance zum Überleben. Menschliche Beziehungen entwickeln sich und werden hier und da zur Rettung genutzt.

1942, als die jüdische Bevölkerung Polens in die Todeslager transportiert wird, löst General Freiherr von Gienanth, Militärbefehlshaber im Generalgouvernement, den Ortskommandanten der Grenz-

stadt Przemysl ab und bestellt zu dessen Nachfolger den Major Max Liedtke, der bislang im sonnigen Hafen von Piräus stationiert war. Der General macht dem Major in militärischer Kürze klar: Über die bei der Wehrmacht eingesetzten Juden hat die SS keine Verfügungsgewalt. Sie unterstehen dem jeweiligen Ortskommandanten, und damit Basta!
Der General und der Major haben sich verstanden. Sie wollen das Vernichtungsprogramm der SS nicht mitmachen.

Major Liedtke, mit dem Eisernen Kreuz dekorierter Frontoffizier des Ersten Weltkrieges, Journalist und 1937 als Chefredakteur und Verleger der "Greifswalder Zeitung" von den Nazis entlassen, bespricht sich mit seinem Adjutanten, dem Oberleutnant Dr. Battel. Der ist zwar Parteimitglied, macht aber kein Hehl aus seiner Ablehnung der "Juden-Aussiedlung". Überdies hat er im Ghetto einen alten Bekannten wiedergetroffen: Dr. Duldig, Studienfreund aus Wien. Jetzt ist Dr. Duldig Vorsitzender des Judenrates im Ghetto von Przemysl, das heißt, er muß die Befehle der SS entgegennehmen und für ihre Durchführung sorgen. Major Liedtke sieht, daß sein Adjutant und sein jüdischer Studienfreund sich verstehen. Die Bewährungsprobe kommt bald.

Am Samstag, 25. Juli 1942, dem Sabbat, befiehlt die SS auf Anordnung des extra angereisten Hauptsturmführers Felenz dem Judenrat des Dr. Duldig, die Ausweise der "Wehrmachts-Juden" einzusammeln und abzugeben. Major Liedtke erfährt das umgehend und legt sofort offiziellen Protest beim örtlichen Chef der SS-Sicherheitspolizei gegen den geplanten Abtransport der ihm unterstellten jüdischen Arbeitskräfte ein. Damit nicht genug. Er meldet die drohende Deportation per Funkspruch dem General von Glienanth mit der Bitte um Entscheidung. Solange darf nichts geschehen. Das ist Major Liedtkes Befehl.

Der Konflikt zwischen Wehrmacht und SS ist unausweichlich. Major und Oberleutnant verweigern der SS jeden Zugang zum Ghetto der Stadt, deren Militärkommandant Liedtke ist. Zitat aus dem Bericht der Sicherheitspolizei vom 27. Juli 1942: "Betrifft Judenaussiedlung ... hat die Ortskommandantur Przemysl die Sanbrücke für den Zivilverkehr einschließlich Polizei sperren lassen."

Als am 26. Juli Polizeifahrzeuge auf Befehl der SS die Brücke passieren wollen, um die Juden aus dem Ghetto zu holen, befiehlt Oberleutnant Battel: "Die Brücke ist gesperrt. Widrigenfalls wird von der Schußwaffe Gebrauch gemacht."

Die SS-Führung droht mit Anforderung einer ihrer Spezial-Einheiten, um den Weg zur "Aussiedlung" der Juden freizumachen. Dazu kommt es nicht. Ein paar Stunden nach der Sperrung informiert der Oberleutnant die jenseits der Brücke wartende Sicherheitspolizei: "Die Zuständigkeit der Wehrmacht ist anerkannt - die Sperrung der Brücke aufgehoben."

In der Zwischenzeit waren annähernd hundert junge, arbeitsfähige jüdische Männer aus dem Ghetto in die Kaserne geschafft worden. Dort sind sie unter dem militärischen Schutz der Wehrmacht.

Die Verlegung geschah buchstäblich hinter dem Rücken des für die "Juden-Aktion" verantwortlichen SS-Hauptsturmführers Felenz. Der hatte dem Major in der Ortskommandantur im Beisein von 20 Offizieren erklärt, daß die "Aussiedlung der Juden auf Befehl des Reichsführers SS (Himmler) stattzufinden habe und diese auch durchgeführt wird." Die gesamte Aktion gehe die Wehrmacht nichts an. Zur Sperrung der Brücke und zur Verzögerung der Aktion habe der Ortskommandant keine Befugnis gehabt.

Major Liedtke ließ sich nicht einschüchtern. Seine Antwort ist in einem SS-Protokoll festgehalten worden. Danach sagte Liedtke, er habe "die Interessen der Wehrmacht zu vertreten und könne es nicht verantworten, wenn ein Lazarettzug mit Verwundeten wegen Nichterscheinen der Juden nicht entladen werden könne ..."

Am Tage der Brückensperrung hatte Major Liedtke nach Zeugenaussagen bei einer Besprechung mit zwölf Dienststellen-Leitern, darunter der Chefarzt des Lazaretts, erklärt, er werde in seiner Eigenschaft als Ortskommandant alles tun, um die ihm unterstellten jüdischen Arbeitskräfte nicht abtransportieren zu lassen. Zitat: "Meine Herren, wir riskieren den Kopf, denn das, was wir jetzt tun, geht gegen einen ausdrücklichen Führerbefehl, aber mehr als erschießen können sie uns nicht."

Einen Monat später ordnet Liedtke an, daß die "Wehrmachtsjuden geschlossen untergebracht werden", also ihm unterstellt bleiben. SS und Sicherheitspolizei haben keinen Zutritt. Das geht nur solange gut, wie Major Liedtke Ortskommandant ist.

Der SS-Untersturmführer Benthin berichtete über den dramatischen Tag im Sommer 1942: "Leutnant Kiesel ... gab an, daß er unter Führung von Oblt. Battel am Nachmittag des 26.7.42 Juden aus dem jüdischen Wohnviertel holen wollte. Als dies Ltn. Kiesel ablehnte, hat Oblt. Battel angeordnet, daß ein Zug der Wehrmacht alarmiert wurde ... die Wehrmachtsabteilung hat daraufhin 80 bis 100 Juden aus dem jüdischen Wohnviertel geholt und ihnen Unterkunft in der Ortskommandantur gegeben.

Oberleutnant Battel ... wird allgemein als ein Freund der Juden bezeichnet..."

Das ist das Ende einer Meldung des SS-Untersturmführers und Kriminalobersekretärs Benthin. Es könnte auch das Ende des Reports über die Ehrung von zwei deutschen Offizieren durch die jüdische Gedenkstätte Yad Vashem sein, wäre da nicht ein Nachtrag zwingend:

Nachtrag:

SS-Hauptsturmführer Felenz, der zwanzig Jahre später in Flensburg wegen Beihilfe zum Mord in mehr als 39 000 Fällen angeklagt, jedoch 1963 nur in zwei Fällen schuldig gesprochen und zu vier Jahren Zuchthaus verurteilt wurde, meldete einen Tag nach der Brückensperrung, unter dem Datum vom 27. Juli 1942: "Ausgesiedelt wurden insgesamt 3 850 Juden... Die Aktion verlief planmäßig und ruhig...Der nächste Transport wird am Mittwoch, den 29.7.1942 durchgeführt."

Major Liedtke wurde einige Wochen später an die Kaukasus-Front zur l. Panzerarmee versetzt. Er geriet 1945 in sowjetische Kriegsgefangenschaft, wurde als Kriegsverbrecher zum Tode verurteilt und zu 25 Jahren Zwangsarbeit begnadigt. Er starb in einem Gefangenenlager hinter dem Ural im Februar 1955, ein halbes Jahr vor der Heimkehr der letzten deutschen Kriegsgefangenen aus der Sowjetunion nach dem Besuch des Bundeskanzlers Konrad Adenauer in Moskau.

Oberleutnant Dr. Battel ist im September 1942 zum Hauptmann befördert worden. Da war General Freiherr von Gienanth, der die Sperrung der Brücke geduldet hatte, noch Militärbefehlshaber im Generalgouvernement. Im August befahl er seinen Ortskommandanturen die "militärische Sicherung der jüdischen Stammarbeiter in Wehrmachts-Dienststellen". Zum 1.Oktober 1942 wurde der General nach Berlin versetzt. Dem Oberleutnant und seinem General ist nach dem Konflikt mit der SS über die "Wehrmachts-Juden" nichts passiert. Der Historiker Dr. Seev Goshen wertete das als Beweis gegen die These vom "Befehls-Notstand", die in zahlreichen Nachkriegs-Prozessen, wie in dem gegen Eichmann, als Argument der Verteidigung angeführt worden war.

Der Passauer Zollbeamte Götz Liedtke, der seinen Vater zuletzt im Kriegsjahr 1944 gesehen hatte, durchforschte Archive und Protokolle, einschließlich der Nürnberger Prozeßakten, um dem deutschen

Offizier, dessen Namen er trägt, Gerechtigkeit widerfahren zu lassen. Nach sorgfältiger Prüfung, unter Einbeziehung des "Falls Battel", konnte der Sohn im Januar 1994 Medaille und Ehrenurkunde der Gedenkstätte Yad Vashem für Major Max Liedtke, stolz und gerührt zugleich, in Empfang nehmen. Zwölf Jahre nach der posthumen Auszeichnung des Adjutanten Oberleutnant Dr. Battel und fast 40 Jahre nach dem Tod des Geehrten in einem Kriegsgefangenenlager hinter dem Ural.

****

Unter dem Titel "Vater Max" hat Götz Liedtke über das Leben seines Vaters "Eine dokumentarische Erzählung" verfaßt. Lesungen in bayerischen Gymnasien über die Ereignisse in Przemysl 1942 waren sein persönlicher Beitrag zur Bewältigung der deutschen Vergangenheit. Götz Liedtke gab seinem Büchlein das Leitmotiv: "Wenn durch einen Menschen ein wenig mehr Liebe und Güte, ein wenig mehr Licht und Wahrheit in der Welt war, hat sein Leben einen Sinn gehabt." (Pater Alfred Delp, am 2.2.1945 in Berlin hingerichtet).

# Der deutsche Anwalt und die rassischen Zweifelsfälle in den besetzten Niederlanden

Im Mai 1940, als Hitlers fünftägiger "Blitzkrieg" über die Niederlande hinweggefegt und Königin Wilhelmina mit ihrer Familie nach London geflohen war, widmet sich ein deutscher Soldat recht aufmerksam der Lektüre holländischer Zeitungen. Das ist ungewöhnlich für einen einfachen deutschen Soldaten, der als Angehöriger der Luftwaffen-Nachrichtentruppe von Wesel am Niederrhein nach Holland marschiert war. Die einstige Festung Wesel mit dem Denkmal für die 1809 von Napoleon erschossenen elf preußischen Offiziere des Freikorps von Schill sollte nicht nur für den Soldaten des Jahres 1940 besondere Bedeutung haben. Hier hatten Bonapartes Heere den Rhein auf dem Marsch nach Rußland überquert, wo sie (wie Hitler 135 Jahre später) ihr Fiasko erlebten. Am 23. März 1945 werden an der gleichen Stelle bei Wesel 300.000 britische, kanadische und amerikanische Soldaten unter dem Kommando von General Eisenhower und Feldmarschall Montgomery über den Strom setzen. Winston Churchill ist Augenzeuge und meldet Stalin per Telegramm den Erfolg am Niederrhein. 50 000 Bomben hatten Wesel in Schutt und Asche gelegt.

Das konnte sich im Mai 1940 niemand vorstellen. Der deutsche Soldat, der im besetzten Holland Amsterdamer Zeitungen las, war allerdings zutiefst überzeugt, daß Hitler den Krieg werde verlieren müssen. Er hoffte und er wünschte es, als seine Kameraden noch sangen "Siegreich wollen wir Frankreich schlagen" und die Wehrmacht durch kein "Marne-Wunder" wie 1914 aufzuhalten war.

Der Nachrichten-Soldat war Hitler-Gegner von Anfang an. Sein Name: Hans Georg Calmeyer, Rechtsanwalt aus Osnabrück. In Deutschland ist er fast unbekannt geblieben, in den Niederlanden sind mehrere Bücher erschienen, in denen sein Name mit goldenen Lettern hätte gedruckt werden können. Hans Georg Calmeyer war der vermutlich erfolgreichste deutsche Widerständler gegen Hitler. Nach sorgfältiger Prüfung durch Yad Vashem hat er mit juristischen Tricks in Holland etwa 3 000 (nach neueren Forschungen wahrscheinlich über 15 000 bis 17 000) Männer, Frauen und Kinder vor dem "Holocaust" bewahrt.

****

In seiner Kindheit hatte "Hänschen" Calmeyer rote Haare, sympathisierte als junger Mann mit der linken USPD und galt als Student in den sogenannten besseren Kreisen seiner Heimatstadt als "Edel-Kommunist". Mitglied einer Partei war er nie. Vermutlich war er für politische Einbindungen zu feinsinnig, zu sensibel, wohl auch zu umfassend gebildet. Seine beiden älteren Brüder waren kurz vor dem Kriegsende 1918 gefallen, ein nie verwundener Einschnitt im Leben des Fünfzehnjährigen, dessen Vater Richter war, später Oberlandesgerichtsrat und schließlich Geheimer Oberjustizrat. Dem Elternhaus verdankte er nach eigenem Bekunden "eine überdurchschnittlich vielseitige Erziehung ..., ein ausgeprägtes Empfinden für Rechtlichkeit." Ein deutsches Sprichwort sagt: Was Hänschen nicht lernt, lernt Hans nimmermehr. Die Familie der Mutter durfte sich im ehemals geistlichen Fürstentum Osnabrück zu den Honoratioren rechnen; eine Tante heiratete nach Holland, wo "Hänschen" vor dem großen Krieg seine Ferien verbrachte, Niederländisch lernte und mit wachen Kinderaugen Rotterdam bewunderte, das er 1940 wiedersah: Brennend nach dem Angriff durch hundert deutsche Bomber des Typs He 111 auf Befehl Görings. Nach Warschau eine der ersten aus der Luft zerstörten Städte Europas - das blieb haften in Hans Calmeyers Erinnerung.

Er verstand sich als "Anti-Nazi der ersten Stunde". Die nationalistischen Kampagnen am Ende der Zwanziger Jahre gegen Remarques erregendes Antikriegsbuch "Im Westen nichts Neues" wühlten den Studenten und seine Freunde auf; zur politischen und literarischen Nahrung gehörten Alfred Döblin, die "Weltbühne" des späteren Friedens-Nobelpreisträgers Carl von Ossietzky und Kurt Tucholskys; die Studienjahre in Freiburg/Br., Marburg und München ließen den humanistisch geprägten Abiturienten des Dom-Gymnasiums Naumburg deutsche Kultur aufsaugen: Hölderlin, Mörike, Rilke - Bach, Mendelsohn-Bartholdy. Der Bogen war weit gespannt, die Interessen fast unbegrenzt.

"Lassen Sie Ihren Sohn Beamter werden", hatte der Spötter Tucholsky geschrieben. Hans Calmeyer vermochte sich selbst im Staatsdienst nicht vorzustellen. Er ließ sich 1932 als freier Anwalt in seiner Heimatstadt nieder. Man kannte ihn dort, auch die Nazis kannten ihn, und so traf ihn nach 1933 ein zeitweiliges Berufsverbot. Die Gestapo ließ ihn beobachten.

Der Soldat, der seinen Vorgesetzten auffiel, weil er holländische Zeitungen las, erweckte auch sonst wegen seiner gepflegten Manieren den Eindruck eines in Uniform gepreßten besseren Herrn. Der Eindruck war richtig. Im Zivilleben stets korrekt gekleidet, war Calmeyer ein äußerst wortgewandter, geistreicher und witziger Anwalt. So wurde er seiner holländischen Sprachkenntnisse und seines juristischen Sachverstandes wegen in die Verwaltung des "Reichskommissars für die Niederlande" versetzt, zu dem Hitler den prominenten österreichischen Nazi Dr. Arthur Seiß-Inquart ernannt hatte. Der war ein Wegbereiter des Anschlusses Österreichs ans Reich gewesen - das war des Führers Dank. 1946 wurde er in Nürnberg als Kriegsverbrecher hingerichtet. Calmeyer war als Zeuge nicht geladen - wahrscheinlich ein historisches Versäumnis. Er hätte viel aussagen können.

Die Rettung holländischer Juden durch Calmeyer beginnt 1941 mit dessen Berufung zum "wissenschaftlichen Hilfsarbeiter" und Ernennung zum "Referatsleiter für rassische Zweifelsfragen" in Den Haag. Calmeyer wird aus der Wehrmacht entlassen und darf Zivil tragen. Das hebt ihn, der weder der NSDAP noch gar der SS angehörte, von allen anderen ab. Reichskommissar Dr. Seiß-Inquart, als Österreicher mehr von verbindlicher Natur, redet den Zivilisten in seinem Stab mit "Herr Calmeyer" oder mit "Herr Kollege" statt mit "Parteigenosse" oder "Kamerad" an. Das schafft Distanz und vermeidet Kumpanei, was offenbar beiden recht ist.

Die Verfolgung der 140 000 holländischen Juden, von denen annähernd 100 000 in Amsterdam lebten, begann quasi mit der Besetzung. Juden durften weder ins Kino noch ins Theater gehen, mußten ihre Fahrräder abgeben, Grundbesitz und Vermögen melden, durften ihre Wohnung nicht wechseln - das "Tagebuch der Anne Frank" schildert eindringlich, was dort damals geschehen ist.

Ab Januar 1941 gilt für alle Niederländer jüdischer Herkunft die allgemeine Meldepflicht. Darin sieht Calmeyer eine erste Chance, Menschenleben zu retten. Er berichtet seinen Vorgesetzten von einer "überraschend hohen Meldefreudigkeit", die es seiner Dienststelle schwer machen werde, alle Angaben der Gemeldeten auf ihre Richtigkeit zu überprüfen, so daß mit der Fülle der Meldungen auch der Grund für eine möglicherweise große Zahl von rassischen Zweifelsfällen gelegt werde. Damit begründet Calmeyer - vorsorglich - langwierige Prüfungsverfahren.

Die Zweifel, wer Jude ist und wer nicht, wer den "gelben Stern" tragen muß oder nicht, ergaben sich aus den "Nürnberger Gesetzen", die seit 1935 im "Dritten Reich" geltendes (Un-)Recht waren. Darin war gesetzlich festgelegt worden:

"Jude ist, wer von mindestens drei der Rasse nach volljüdischen Großeltern abstammt ...

Jüdischer Mischling ist, wer von einem oder zwei der Rasse nach volljüdischen Großeltern abstammt ... als volljüdisch gilt ein Großelternteil ohne weiteres, wenn er der jüdischen Religionsgemeinschaft angehört hat..."

Hier setzt der "Referent für rassische Zweifelsfälle" an. Calmeyer gibt sich als überaus korrekter deutscher Jurist, der die "Nürnberger Gesetze" buchstabengetreu auslegt - um sie zu umgehen! Er macht

Volljuden zu Mischlingen und Mischlinge zu Ariern - so rettet er Tausende. Er stellt Differenzen zwischen dem deutschen Text der "Nürnberger Gesetze" und der holländischen Übersetzung her, gibt den niederländischen Anwälten bedrohter Juden und ihrer Familien juristische Tips zur Umgehung der Nazi-Bestimmungen, sucht immer neue Lücken und stellt (unter Hinweis auf den von der NS-Progaganda gefeierten britischen Ideologen H. St. Chamberlain, einem Schwiegersohn Richard Wagners) Fragen nach Abstammung und Rassen-Thesen, die Verwirrung unter SS-Führern schaffen. Es kommt ihm darauf an, aus möglichst vielen Juden "Halbjuden" oder "Arier" zu machen - und das durch dokumentierte Nachweise ihrer Abstammung.

Im "Dritten Reich" gab es den Begriff der "privilegierten Mischehe", nach dem "rassisch-gemischte" Eheleute mit Kindern (noch) von der direkten Verfolgung ausgeschlossen blieben. In den besetzten Niederlanden galt das nicht. Der oberste SS- und Polizeiführer (General) Rauter schrieb am 10. September 1942 an Himmler: "Bei den Mischehen schieben wir, sofern keine Kinder vorhanden sind, mit Genehmigung des Reichskommissars den jüdischen Teil nach Osten ab, denn ich mußte feststellen, daß in den letzten drei Jahren unerhört viele Mischehen geschlossen worden sind, die noch kinderlos sind. Da kann noch viel Unheil vermieden werden. Eigentlich müßte man auch dort, wo der Mann Volljude ist, die Mischehe mit nach dem Osten nehmen ..."

Calmeyer forderte, die "privilegierte Mischehe" auch in Holland anzuerkennen. Damit waren Tausende zu retten. Die Entscheidung wurde zwischen Seiß-Inquart in Den Haag und Heydrich in Berlin hin- und hergeschoben, solange, bis die Mischehen entsprechend dem Vorschlag Calmeyers auf Weisung Seiß-Inquarts von der Deportation "freigestellt" wurden. Das war die Rettung. Bis zum 1. Dezember 1942 erhielten 5080 Juden Hollands einen Stempel in ihren Ausweis, der sie als Teil einer "privilegierten Mischehe" vom Abtransport in die Vernichtungslager "bis auf weiteres" ausnahm.

Calmeyer hatte an dieser Rettungsaktion kräftig mitgewirkt. In seiner Rechtsabteilung für "rassische Zweifelsfälle" mehrten sich die Anträge. Als Abteilungsleiter geht er scheinbar peinlich genau vor, läßt sich nicht von persönlicher Sympathie leiten, nimmt weder Geld noch das kleinste Geschenk an - er weiß, daß er mit Argusaugen überwacht wird. Und dennoch gelingt es, immer mehr Menschen aus der Schlinge zu ziehen: Höhere SS-Chargen spotten schon über "gecalmeyerte Juden".

*Der rettende "Seitensprung" der Großmutter*

Bei den holländischen Juden wie bei den deutschen Emigranten, die vor Hitler in die Niederlande geflohen waren, spricht sich bald herum, wie in Calmeyers Abteilung "arisiert" wird. Um möglichst viele Juden zu "entsternen" (damaliges amtsdeutsch), entwickelt sich im Untergrund der verdeckten, lebensgefährlichen Aktivitäten Calmeyers eine rege Dokumenten-Fälscherei. Zwei seiner engsten Mitarbeiter sind eingeweiht und ziehen am gleichen Strang: Dr. Georg Wander, Jurist aus Danzig mit Kontakten zur Widerstandsgruppe "Rote Kapelle", und Heinrich Miessen, Kriegsinvalide, pensionierter Stadtinspektor und nebenbei Sippenforscher aus Linnich bei Aachen. Calmeyer konnte beiden voll vertrauen, sie bearbeiteten die "Zweifelsfälle"; er gab sich als gesetzestreuer Abteilungsleiter, über jeden Verdacht erhaben.

Die Ideen für die Tricks zur "Arisierung" waren dem Leben entnommen. Der Volksmund sagt: Die Mutter kennt man, den Vater nicht. So wird der (angebliche) "Seitensprung" einer jüdischen Großmutter zum rettenden Ausweg. Hatte die Oma ihren Sohn von einem nichtjüdischen Liebhaber, war das die Rettung der ganzen Familie.
Wenn der Großvater kein Jude war, sondern ein dem "deutschen Blut artverwandter" (Nbg. Gesetz) Holländer, dann waren die Kinder nur Halbjuden und die Enkel Vierteljuden, somit von der Deportation (zunächst) nicht betroffen. In holländischen Standesämtern und

Kirchen wurden unzählige Geburts-, Heirats- und Todesurkunden gefälscht und hergestellt, mit denen Calmeyers Rechtsabteilung "Zweifelsfälle" zugunsten der Verfolgten und Bedrohten auslegen konnte.
Der Osnabrücker Peter Niebaum, der die Persönlichkeit und das Wirken Calmeyers erforscht, berichtete dem Autor von dem "Zweifelsfall Wessel", bei dem durch die "Arisierung" einer Person dank Calmeyer insgesamt 72 Menschen gerettet worden sind.

Je mehr Juden "gecalmeyert" wurden, desto mißtrauischer wurde die SS. Dem Himmler direkt unterstellten SS- und Polizeichef Rauter wird der Referatsleiter Calmeyer einmal auf höchst seltsame Weise vorgestellt: " Das ist Herr Calmeyer, der wird einmal so berühmt wie Bismarck. Was bei dem die Bismarck-Heringe sind, sind bei ihm die Calmeyer-Juden".
Calmeyer arbeitet dennoch weiter, nimmt sogar an einer Konferenz unter Seiß-Inquart zur Einteilung der Juden in verschiedene Gruppen teil. Die Folge ist:
Vorerst "keine Entscheidung" über die Liste der "Calmeyer-Juden". Sie bleiben "entsternt" - er kann weiterarbeiten. Indessen erhalten katholische und protestantische Juden, Angehörige von Mischehen mit Kindern den ersehnten Ausweis-Stempel zur Freistellung von der Deportation; "Rüstungs-Juden" kommen bis zur Zwangsarbeit ins "Durchgangslager"; "Diamant-Juden" ins Ghetto; "Austausch-Juden" (gegen Import-Waren oder internierte Deutsche auszutauschen!) bleiben im Wartestand. Auch "Verdienst- und Protektionsjuden" sollten zunächst freigestellt werden.

*Die Kartei der "Blauen Reiter"*

Das waren an die 50 prominente, auch im Ausland bekannte Persönlichkeiten, die Calmeyer unter der Rubrik "Blauer Reiter" registriert hatte, benannt nach den blauen Reitern auf ihren Karteiblättern in seinem Büro; insgeheim von Calmeyer in Erinnerung an "entartete" Künstler wie Kandinsky, Marc, Klee und andere, deren

Kunstbewegung "Der blaue Reiter" vor 1914 schon berühmt geworden war. Zu den "Blauen Reitern" in Calmeyers Kartei gehörten emigrierte Juden, die sich um Deutschland verdient gemacht hatten; auch der Kunsthistoriker Prof. Friedländer, dessen Expertisen Göring für seine Kunstdiebstähle aus europäischen Museen und jüdischem Privatbesitz besonders schätzte.

Dennoch: Die Juden der "Blauen Reiter" in Calmeyers Kartei wurden nach Theresienstadt transportiert. Das Reichssicherheitshauptamt der SS ließ sie als "Zweifelsfälle" nicht gelten.

Die Rettungsaktion Calmeyers mit seinen Vertrauten Dr. Wander und Meissen wurde trotz des wachsenden Mißtrauens in Berlin und Den Haag systematisch fortgesetzt. Die größte Gefahr entstand, als der besonders fanatische holländische SS-Mann Ludo ten Cate, seit 1941 Chef der "Reichsstelle für Sippenlehre", mit einer Kartei von Juden aufwartete, die aus den niederländischen Kolonien stammten. Er zog sie zum Vergleich heran, um Calmeyers "Irrtümer" zu entlarven. SS-General Rauter verlangte die Überprüfung aller Entscheidungen Calmeyers. Reichskommissar Seiß-Inquart lehnte ab und ordnete an, daß Calmeyer keine weiteren Anträge mehr annehmen dürfe. Das geschah nicht. Calmeyer machte weiter.

Niemals zuvor haben sich soviele Frauen zum "Ehebruch" bekannt, wie vor Calmeyers Abteilung für "rassische Zweifelsfälle". Niemals zuvor hat ein deutscher Jurist im Amt so viele Lügen, Falschaussagen und Dokumenten-Fälschungen als wahr und echt anerkannt - der Menschen wegen, deren Tod beschlossen war. Im März 1942 waren 2 197 "Zweifelsfälle" überprüft - im Dezember, als die Deportationszüge seit Monaten rollten, hatten 1671 "Volljuden" den Stempel Calmeyers erhalten, der sie zu "Halb-" oder "Vierteljuden" machte und sie damit rettete.

Manchmal schlug Calmeyer die Todesbürokraten mit ihren eigenen Mitteln: Fehlte der richtige Fragebogen, war der Fall nicht zu entscheiden. Zum Beispiel bei einem (hinterlassenen) Findelkind die förmliche Antwort: In diesem Alter ist die jüdische Herkunft noch nicht feststellbar.

Bis 1944 gab es 2 899 durch Calmeyer amtlich "entsternte" Personen - eine Bilanz des Überlebens.

Jedoch auch das gilt: Jede Ablehnung eines Antrages, jede negative Entscheidung über einen "Zweifelsfall" kam einem Todesurteil gleich. Zeitlebens hat Calmeyer, der Anwalt mit der lauteren Gesinnung, darunter gelitten, ist fast daran zerbrochen, daß er sich mitschuldig am Tod der Nicht-zu-Rettenden fühlte. Nach Peter Niebaums Untersuchungen notierte Calmeyer in seiner Gewissensnot: "Ich sah mich als Arzt, der auf einem von der Außenwelt völlig abgeschnittenen Posten für 5000 Todkranke nur 50 Ampullen einer Medizin besitzt, mit der es ihm möglich ist, nur 50 Personen von 5 000 vor dem sicheren Tod zu retten. Welche 50 Personen soll er retten?"

*Die Verzweiflung des Gerechten*

Nach dem Kriege beobachtete Hans Calmeyer, an der Gerechtigkeit zweifelnd, die vielen "Schreibtischtäter", die ohne Gewissensnot ihrer Beschäftigung nachgingen, Gehälter und Pensionen bezogen, als wäre nichts geschehen. Der Mann, der wieder freier Anwalt in seiner Heimat wurde, zweifelte an seinen Landsleuten und verschwieg seine Rettungsarbeit in Holland aus Angst, man würde in ihm einen "Landesverräter" oder "Saboteur" sehen. "Das ist nicht gut für einen Rechtsanwalt", sagt er im Mai 1963 in einem Interview mit dem "Allgemeen Dagblatt". Zu dieser Zeit hatten holländische Historiker die "Calmeyer-Juden" längst entdeckt und ihren Retter gewürdigt. In Deutschland wurde er von der Publizistik und Zeitgeschichtlern nachgerade übersehen. Bis er sich 1965/66 als Zeuge für einen Münchner Prozeß gegen seine ärgsten SS-Widersacher in Den Haag meldet. Die Urteile lassen ihn erneut verzweifeln: Ein paar Jahre Zuchthaus für Beihilfe zum Mord in mehreren zehntausend Fällen.

Über 105 000 Menschen aus Holland sind im "Holocaust" ums Leben gekommen.

Die Gedenkstätte Yad Vashem registriert in der Akte Calmeyer die Namen von 2899 Geretteten. Neuere Forschungen ergeben durch die Einbeziehung von Familienmitgliedern und Angehörigen "arisierter Calmeyer-Juden" zwischen 15 000 bis 17 000 geretteten Menschenleben. Der SS-General Rauter nannte ihn zu Recht einen "Saboteur der Juden-Gesetzgebung". Sein eigener Kommentar waren zwei Worte: "Zu wenig - zu wenig."

****

Nachtrag:

Auf Antrag der SPD und mit Zustimmung von CDU und Grünen wurde vor wenigen Jahren in Osnabrück ein Straßenstück in "Hans-Calmeyer-Platz" umbenannt. Eine "Calmeyer-Initiative" wirkt dort seit 1995 gegen Nationalismus, Rassismus und Totalitarismus jeder Art, in Zusammenarbeit mit der "Weißen Rose" der Geschwister Scholl. Calmeyer starb 1972. Sein Sohn Prof. Dr. Peter Calmeyer nahm 1992 im Friedenssaal von Osnabrück, wo 1644 die Verhandlungen zur Beendigung des Dreißigjährigen Religions-Krieges stattfanden, Medaille und Urkunde von Yad Vashem entgegen. Seine Frau Ruth, die seine schicksalhaften Entscheidungen mitgetragen hat, erlaubte nach seinem Tod dem Calmeyer-Biografen Peter Niebaum Einblick in seine unveröffentlichten Schriften und damit in die Moral dieses "Gerechten unter den Deutschen".

Der holländische Historiker Dr. Presser, der in seinem Buch "Ondergang" Calmeyers Rolle ausführlich gewürdigt hat, schrieb ihm 1965 als Antwort auf einen Brief des Selbstzweifels und der Gewissensnot über die vielen, die er nicht retten konnte:

"Alle waren wir schuldig und unschuldig in Einem."

# Der Lokaltermin

Fast 20 Jahre nach dem Ende des NS-Regimes fand in Frankfurt am Main der "Auschwitz-Prozeß" statt. Das Schwurgericht ordnete für Dezember 1964 einen Lokaltermin am Ort des Geschehens an. Zwei Staatsanwälte, ein Richter, Protokollführer und mehrere Verteidiger reisten mit Sondervisa nach Polen, mit dem die Bundesrepublik noch keine diplomatischen Beziehungen hatte. Die Gerichtsgruppe wollte sich in dem ehemaligen Vernichtungslager selbst ein Bild machen. Nur ein Angeklagter, der Frauenarzt Dr. Lucas, war mitgefahren. Er konnte sich "an keine Einzelheiten mehr erinnern". Amtsgerichtsrat Walter Hotz sagte: "Das Schwurgericht hätte sich viel Arbeit erspart, wäre es zu Beginn des Prozesses hierhergefahren." Die Weltpresse war mit mehr als hundert Journalisten vertreten. Auch der Autor dieses Buches war dabei. Statt eines Nachwortes ein kurzer Auszug aus seinen Berichten für die "Neue Ruhrzeitung" vom 15./ 16. Dezember 1964 über den Lokaltermin in Auschwitz:

Amtsgerichtsrat Hotz begann seinen Lokaltermin mit einer Gedenkminute am Block 11, dem Todesblock im alten Stammlager Auschwitz. Kränze der katholischen Jugend Westberlins und der Gewerkschaftsjugend der Bundesrepublik liegen unter den Kränzen anderer Besucher. Unweit dieser Erschießungsstätte ist der Block, in dem die Lagerärzte Häftlinge als Versuchstiere benutzten, Frauen sterilisierten und an Kindern statt an Mäusen das Problem der Zwillinge studierten.

Ein "Altnumerierter" (Journalist aus Warschau, der fünf Jahre seiner Jugend hier verbrachte) berichtet, wie 1943 in Block 28 durch die jetzt in Frankfurt angeklagten SS-Männer Josef Klehr und Emil Hantl 80 polnische Kinder durch Injektionen getötet wurden. Es waren Kinder aus der ostpolnischen Stadt Zamoc. Klehr ist es beim "Abspritzen" schlecht geworden. Hantl führte "die Arbeit weiter". Das steht auch in der Anklageschrift.

Gestern morgen hieß es: "Der Angeklagte Dr. Lucas fühlt sich nicht wohl." Aber das interessierte kaum jemanden. Wer nach Auschwitz kommt, dem wird übel, der erkennt die wahnwitzige Verirrung des menschlichen Geistes, die zu Auschwitz führte. Bücher sind geschrieben worden und Theaterstücke, Filme und Dokumentationen liegen vor, aber niemand wird jemals sagen können, warum, wie Millionen andere, Ingrid de Vries, geboren am 4. Oktober 1940, in Holland, und Anneliese Cohn, wohnhaft bei Familie Holstein in Wuppertal, in Auschwitz sterben mußten. Zwei Namen auf Tausenden von Koffern ... auch von Ingenieur Richard Aussenberg, Prag, Schlickestraße 34, von Dr. Treulich, aus Irgendwo in Europa, und von Max Weiß und Grete Schwarz, Wien.

"Arbeit macht frei" steht im eisernen Torbogen zum Stammlager, das heute ein Museum der Schande ist. Hier gibt Staatsanwalt Großmann seine Pressekonferenz. Sie ist kurz. Er erläutert juristische Fragen und stellt ein erstes Ergebnis des Lokaltermins fest: vom SS-Revier zum Todesblock sind es nur ein paar Schritte. Die Angeklagten von Frankfurt müssen also gesehen haben, was dort geschah. Im Prozeß konnten sie sich bisher nicht erinnern. Auch das sind Antworten, die der Staatsanwalt gibt.

Dann wird er gefragt, welchen Eindruck Auschwitz und Birkenau auf ihn gemacht haben. Und da fehlen dem Staatsanwalt die Worte. Er sagt: "Diesen Eindruck kann man nicht in wenigen Minuten verkraften. Man braucht mehr als Stunden dazu ..."

Der Prozeß in Frankfurt wird, wie Staatsanwalt Krüger gestern sagte, voraussichtlich bis zum Frühjahr dauern. Dann wird das Gericht sein Urteil sprechen. Aber es wird keine Sühne für Auschwitz geben.

(Herbert Straeten, 16. 12. 1964)

****

Bundespräsident Roman Herzog in seiner Rede zum 27. Januar 1996, dem deutschen Gedenktag zur Befreiung von Auschwitz:

> "Wir Deutschen haben mehr als andere lernen müssen, daß das absolut Unfaßbare trotz allem geschehen kann. Die Erinnerung hat es uns erleichtert, daraus die Lehre zu ziehen, und am klarsten ist diese Lehre im Artikel 1 unseres Grundgesetzes formuliert: Die Würde des Menschen ist unantastbar."

Die aufrechten Deutschen, über die in diesem Buch berichtet wurde, haben das Unfaßbare nicht ungeschehen machen können. Aber sie haben das Leben und die Würde der Verfolgten geachtet und einem besseren Deutschland zur Würde verholfen. Nicht alle, die so handelten, sind in der Gedenkstätte Yad Vashem verewigt. Eine Namenslistevon über 300 dieser Gerechten unter den Deutschen beschließt dieses Buch.

# Nachwort

Die Ermordung von Juden während des nationalsozialistischen Regimes unter Adolf Hitler bleibt folgenschwer. Auch ein halbes Jahrhundert danach stehen wir ohnmächtig vor offenen Fragen. Zu dem Ringen um Antworten, denen die Suche nach Gründen für Intoleranz, Antisemitismus und Völkerhass vorausgeht, gehört auch die Spurensuche und das Nennen jener aufrechten deutschen Frauen und Männer, die im Sinne des jüdischen Glaubens "Gerechte" waren und Menschenleben retteten.

Niemand sollte auf die Idee kommen, dieses Buch als Gegenposition zu Mord und Verbrechen während der Nazi-Zeit mißverstehen zu wollen. Das deutsch-jüdische Verhältnis wird über unsere Zeit hinaus durch den Holocaust belastet bleiben, doch müssen wir den nachwachsenden Generationen Beispiele für Toleranz, Menschlichkeit und Zivilcourage nahebringen. Ich bin sicher, daß dieses Buch dazu beitragen wird.

Heute leben wir in einem demokratischen Deutschland. Heute stellt sich nicht mehr die Frage, warum Juden wieder in Deutschland leben. Mehr als 50.000 Menschen jüdischer Herkunft sind fest integrierte Bürger, von denen die meisten Deutschland als ihr Vaterland betrachten. Viele dieser Menschen haben in zunehmendem Maße seit Anbeginn dieser Republik in jeder Beziehung das Leben mitgestaltet und an der Festigung der deutschen Demokratie mitgewirkt. Sie können sich dabei auf große Namen berühmter deutscher Juden stützen. Sie gehören zu unserer gemeinsamen Geschichte.

In diesem Buch sind die Schicksale anderer deutscher Frauen und Männer geschildert, die sich unter Hitler ihren Mut zur Menschlichkeit bewahrten und danach handelten. Die meisten von ihnen sind im "Hain der Gerechten" bei der Gedenkstätte "Yad Vashem" geehrt worden. Ich hoffe, daß dieses Buch ihre Tapferkeit und Menschlichkeit dem eigenen Lande in Erinnerung ruft und wachhält. "Wer ein Leben rettet, hat die Welt gerettet" heißt es im Talmud. Sie haben es getan.

Ignatz Bubis

# Aktuelle Liste der "Gerechten unter den Völkern" aus Deutschland

| **Name** | **Jahr der Ehrung** |
|---|---|
| Abegg, Elisabeth | 1967 |
| Abel, Richard | 1969 |
| Adam, Frieda | 1992 |
| Ahrem, Willi | 1965 |
| Althoff, Adolf und Maria | 1995 |
| Armann, Hugo | 1985 |
| Aschoff, Heinrich | 1965 |
| Aub, Dr. Fritz und Hedwig | 1987 |
| Bach, Arno und Margarete | 1987 |
| Bartlakoeski, Leonard | 1979 |
| Barwitzky, Claire | 1991 |
| Battel, Dr. Albert | 1981 |
| Bauer, Gitta | 1985 |
| Beitz, Berthold | 1973 |
| Bernhardt, Herbert und Ella | 1983 |
| Bertram, Dr. Rudolf | 1979 |
| Bleicher, Willy | 1965 |
| Blochwitz, Elsa | 1965 |
| Block, Dr. Irene | 1992 |
| Boehm, Marie und Sohn Adolph | 1994 |
| Bornstein, Elisabeth | 1982 |
| Brandt, Guenther | 1980 |
| Bredig, Elisabeth | 1982 |
| Brockschmidt, Heinrich und Herta | 1975 |
| Brunken, Henny | 1968 |
| Buchholz (Koening), Valeska | 1984 |
| Buerger, Wilhelm | 1978 |
| Bungener, Erich und Erika | 1991 |
| Busse, Otto | 1968 |
| Calmeyer, Hans Georg | 1992 |
| Calogeras-Meissner, Ursula | 1994 |

| Name | Jahr der Ehrung |
| --- | --- |
| Cammerer, Dr. Joseph | 1969 |
| Clauss, Dr. Ludwig Ferdinand | 1979 |
| Coehn, Herbert | 1982 |
| Daene, Wilhelm und Grete | 1978 |
| David, Konrad | 1980 |
| David, Paul und Regina und Tochter Margit | 1982 |
| De Lattre, Johannes und Eva | 1978 |
| Dilger, Alfred und Louise | 1991 |
| Dinzinger, Josef und Maria | 1966 |
| Disselnkoetter, Walther und Anna | 1996 |
| Driessen, Martha-Maria | 1979 |
| Duckwitz, Ferdinand Georg | 1971 |
| Eck, Johanna | 1973 |
| Eckerts, Herr und Frau | 1980 |
| Falkenberg, Bernhard | 1969 |
| Feuerherm, Wanda | 1987 |
| Fiedler, Dr. Fritz | 1965 |
| Flemming, Liselotte | 1984 |
| Fluegge, Elisabeth | 1976 |
| Forsstroem, Lydia | 1980 |
| Friedlieb, Ella | 1994 |
| Friedrich, Peter | 1985 |
| Fritsch, Ernst-Otto | 1975 |
| Fuchs, Kurt und Herta | 1995 |
| Fullmann, Elli | 1981 |
| Gaebler, Gaby und Sohn Wolfgang | 1980 |
| Gehre, Karl Max und Auguste M. | 1988 |
| Gerbrand, Gustav und Klara, Tochter Christel | 1990 |
| Gerschuetz, Anastasia und Severin | 1985 |
| Goerner, Theodor | 1967 |
| Goes, Elisabeth | 1991 |
| Golz, Richard und Hildegard | 1991 |
| Graebe, Hermann | 1965 |
| Griesmann, Alfred und Liesel | 1987 |
| Groos, Walter | 1994 |

| Name | Jahr der Ehrung |
|---|---|
| Grossmann, Tony | 1981 |
| Grueber, Dr. Heinrich | 1964 |
| Grueger (Muenzer), Klara | 1986 |
| Gruenberg, Maria | 1984 |
| Gumz, Emma | 1971 |
| Haardt, Herbert und Maria | 1981 |
| Haertel, Erna | 1966 |
| Haffner, Otto und Hedwig | 1979 |
| Hagemann Kinder: Gertraud, Maria, Monika | 1994 |
| Hagemann, Gerhard und Wally | 1994 |
| Hammann, Wilhelm | 1984 |
| Hammer, Georg und Tochter Gertrud | 1978 |
| Hammer-Mueller, Carola | 1979 |
| Harder, Loni und Albert | 1966 |
| Hartmann, Hans | 1963 |
| Hauschild, Kaethe | 1983 |
| Heine, Fritz | 1986 |
| Heinen, Josef | 1969 |
| Hellenbrandt, Werner und Liselotte | 1979 |
| Helmrich, Donata | 1986 |
| Helmrich, Eberhard | 1965 |
| Hensel, Marie-Louise | 1972 |
| Hermann, Karl und Eva | 1976 |
| Heuer (Palme), Marta | 1975 |
| Heuer, Dorle und Albert | 1976 |
| Hirschfeldt-Berlow, Edith | 1992 |
| Hoffmann-Gerstenberger, Elly | 1984 |
| Hollaender, Lisa | 1971 |
| Huelle, Paula | 1971 |
| Impekoven, Frieda | 1966 |
| Jacobs, Helene | 1983 |
| Jahn, Otto | 1968 |
| Jovy, Dr. Michael | 1982 |
| Juelich, Jean | 1982 |
| Karnop, Helmut und Mutter Maria | 1979 |

| Name | Jahr der Ehrung |
|---|---|
| Kaus, Klara | 1974 |
| Kerner, Paul und Helena und Sohn Dr. Paul | 1984 |
| Kochanowski, Gertrud und Vater | 1976 |
| Koehler, Max und Clara | 1988 |
| Koehn, Adele | 1985 |
| Kohl, Max | 1969 |
| Kolzer, Victoria | 1978 |
| Kreddig, Walter und Anny | 1984 |
| Kretchmar, Hedwig | 1979 |
| Krumme, Werner | 1964 |
| Kulka, Maria und Willie | 1982 |
| Kulka, Walter und Luise | 1982 |
| Laabs, Karl | 1980 |
| Lagrange, Vera | 1987 |
| Landmann, Elisabeth | 1967 |
| Loringhoven-von Freytag, Baron Evert | 1967 |
| Latte, Ellen | 1978 |
| Ledetsch, Elsa | 1987 |
| Letnar, Maria | 1968 |
| Liedtke, Max | 1993 |
| Lissack, Frieda | 1987 |
| List, Heinrich und Maria | 1992 |
| Luckner, Dr. Gertrud | 1966 |
| Luma, Hans | 1982 |
| Maas, Dr. Hermann | 1964 |
| Maciejok, Jozef | 1994 |
| Marquardt, Gerhard | 1985 |
| Maurer, Max | 1995 |
| Mayer, Hanne | 1965 |
| Mayer, Josef und Mutter Elfriede | 1965 |
| Mayer, Paul und Rosa | 1968 |
| Meier, Albert und Maria, Tochter Katharina | 1990 |
| Middendorf, Heinrich | 1994 |
| Moerike, Otto und Gertrud | 1970 |

| Name | Jahr der Ehrung |
|---|---|
| Most, Elfriede und Schwester Grete | 1978 |
| Motzko, Ernst-Bruno | 1969 |
| Muehlhoff, Fritz | 1978 |
| Mueller, Fritz | 1984 |
| Mueller, Maria und Gerhard | 1985 |
| Mueller, Mathias und Frieda | 1978 |
| Muette, Dr. Karl | 1975 |
| Muller, Herta | 1971 |
| Neyses, Dr. Joseph und Hilde L.O. | 1981 |
| Nickel, Maria | 1968 |
| Nickel, Otto | 1967 |
| Niermann, Fritz | 1985 |
| Noerenberg, Otto Lund Gertrud und Tochter Edith | 1978 |
| Oewerdieck, Erhard und Charlotte | 1978 |
| Otto, Willi und Aenne | 1982 |
| Palme, Melida | 1975 |
| Patzschke, Erika und Herbert | 1976 |
| Paulo, Vinzenz und Olga | 1994 |
| Pentrop, Hubert | 1965 |
| Pfau, Ernst | 1975 |
| Poelchau, Harald und Dorothee | 1971 |
| Pohl, Agnetha und Tochter Angela | 1994 |
| Puetz, Christian und Christine | 1985 |
| Radke, Dr. Gerhard | 1977 |
| Reissenbergen, Gisela | 1987 |
| Richter, Emma | 1964 |
| Riecke, Walter | 1971 |
| Rossner, Alfred | 1995 |
| Rouge, Else | 1978 |
| Rozenkrantz, Walter | 1975 |
| Ruegemer, Edward | 1982 |
| Schade, Artur | 1995 |
| Schallschmidt, Johanna | 1982 |
| Scheidling, Heinz | 1990 |
| Scherer, Gisela | 1971 |

| Name | Jahr der Ehrung |
|---|---|
| Scherer-Hoffmann, Josy | 1971 |
| Schindler, Emilie | 1993 |
| Schindler, Oskar | 1963 |
| Schink, Bartholomäus | 1982 |
| Schleiermacher, Walter und Elsa | 1985 |
| Schmitt, Meta | 1979 |
| Schoenbrunner, Oskar | 1977 |
| Schoerghofer Kinder: Karl, Martha (Schlepfer) | 1968 |
| Schoerghofer, Karl und Katharina | 1968 |
| Schrodter, Hedwig und Otto | 1993 |
| Schroeder, Gustav | 1993 |
| Schroeder, Hanning | 1978 |
| Schuerholz, Dr. Franz | 1973 |
| Schulte, Eduard | 1988 |
| Schulz, Gustav und Anni | 1988 |
| Schulze, Frida | 1978 |
| Schwarz, Kaethe | 1971 |
| Schwelien, Maria | 1985 |
| Schwersensky, Gerhard und Ilse | 1985 |
| Schweser, Konrad | 1968 |
| Seidel, Hans und Esther-Maria | 1982 |
| Seitz, Wilhelm und Maria | 1987 |
| Sell, Dr. Helmuth und Frau | 1981 |
| Sickmann, Bernhard | 1965 |
| Silkenboehmer, Heinrich | 1965 |
| Simons, Erna und Tochter Ellen Christel | 1988 |
| Spisky, Wilhelm und Else | 1990 |
| Springer, Otto M. | 1986 |
| Stefanovic, Vojislav | 1979 |
| Steinl, Gertrud | 1979 |
| Stichnoth, Elfriede | 1985 |
| Stippler, Karl und Elisabeth | 1984 |
| Stoll, Eva und Walter | 1980 |
| Strassmann, Prof. Fritz | 1985 |
| Suedfeld, Bernhard | 1965 |
| Suerkl, Hans | 1980 |

| Name | Jahr der Ehrung |
| --- | --- |
| Sylten, Werner | 1979 |
| Tietze, Dr. Albrecht | 1970 |
| Treptow, Ernst und Maria | 1988 |
| Trotzke, Ilse Sonja | 1995 |
| Ufer, Dr. Georg | 1980 |
| Vogt, Herbert | 1979 |
| Von Maltzan, Gräfin Maria I.H. | 1987 |
| Von Mirbach, Baronesse Miami | 1981 |
| Von Zedtwitz, Joachim | 1994 |
| Walz, Hans | 1969 |
| Walz, Ludwig | 1974 |
| Wander, Dr. Gerhard | 1975 |
| Webber, Herta | 1965 |
| Weeg, Ludwig und Elisabeth | 1990 |
| Wegner, Armin | 1967 |
| Weidt, Otto | 1971 |
| Wendland, Ruth und Mutter Agnes | 1975 |
| Weschenfelder, Franz und Helen | 1967 |
| Wieth, Imgard | 1968 |
| Winkler, Heinrich und Frau | 1982 |
| Wisten, Trude | 1994 |
| Witkowski, Mr. P. | 1979 |
| Woerl, Ludwig | 1963 |
| Wust, Elisabeth | 1995 |
| Zacherl, G. und Frau | 1980 |
| Zielinski, Ruth | 1991 |
| Zubeil, Gustav und Agnes | 1976 |

# Quellen- und Literaturhinweise

Der Dank des Autors für hilfreiche Unterstützung der Recherchen zu diesem Buch gilt besonders den Redaktionsarchiven mehrerer deutscher Tageszeitungen: Aachener Zeitung/Aachener Nachrichten; Berliner Morgenpost; Der Tagesspiegel, Berlin; Frankfurter Rundschau; Mainzer Allgemeine; Mainpost, Würzburg; Darmstädter Echo; Sächsische Zeitung, Dresden; Odenwälder Heimatbote, Michelstadt; Neue Osnabrücker Zeitung; Neue Rheinzeitung, Wesel; Rheinische Post, Düsseldorf; Westdeutsche Allgemeine, Gelsenkirchen; Westdeutsche Zeitung, Mönchengladbach.
Der Gedenkstätte Yad Vashem in Jerusalem sind konkrete Angaben über die Verdienste der in diesem Buch genannten "Gerechten" sowie ihrer Daten zu verdanken. Auch Frau Kuck von der israelischen Botschaft in Bonn sind Autor und Verlag für die tätige Mithilfe bei der Beschaffung von Unterlagen dankbar.
Ferner konnte der Autor sich bei seiner Arbeit auf zeithistorisches Material zahlreicher Institutionen stützen bzw. Publikationen nutzen, deren Verfasser sich in ihrem Lebensbereich um die Aufklärung der deutschen Vergangenheit verdient gemacht haben. Manche sind in einigen Kapiteln erwähnt worden. Der Autor bittet um Verständnis, wenn diese Liste nicht vollständig ist:

Aktion "Verein gegen Vergessen - für Demokratie", Bonn
Alte Synagoge Essen, Mahn- und Gedenkstätte
Archiv der sozialen Demokratie, FES, Bonn
Auswärtiges Amt, Bonn
Berliner Illustrierte Zeitung, (Jahrgänge 1940-1943)
Berliner Senat, Inneres Referat I. (Unbesungene Helden)
Bosch-Stiftung, Stuttgart, Unternehmensarchiv
Botschaft des Staates Israel, Bonn-Bad Godesberg
Centrum Judaicum, Berlin
"Der Zweite Weltkrieg" (Dokumente, Chronik), Köln 1985
Dose, Johann: "G. F. Duckwitz in Dänemark", Auswärtiges Amt, Bonn
Gerold, Horst: "Gesetze des Unrechts", St. Augustin 1979
Großmann, Kurt R.: "Die unbesungenen Helden", Berlin 1957
Heuß, Theodor: Robert Bosch, Leben und Leistung", München 1981

Horbach, M.: "So überlebten sie den Holocaust", München 964
Kißener, Michael: "Widerstand gegen die Judenverfolgung", Konstanz 1995
Manchester, W.: "Krupp - Chrinik einer Familie", München 1968
"Meldungen aus dem Reich/Geheime Lageberichte des Sicherheitsdienstes der SS, Herrsching 1984
Niebaum, Peter: "Hans Calmeyer - Ein Osnabrücker des anderen Deutschland", Ungedr. Typoskript 1988/1995
Presse- und Informationsamt der Bundesregierung: Ansprachen, Reden zum Gedenken an die Opfer des Nationalsozialismus
Rückerl, Adalbert: "Die Strafverfolgung von NS-Verbrechen 1945 - 1978", Heidelberg 1979
Staatskanzlei des Freistaates Sachsen, Dresden
Stadtbibliothek Essen
Stadtbibliothek Krefeld
Stadtbibliothek Mönchengladbach
Scherrieble, Joachim: "Leben und Widerstand von Gertrud und Otto Mörike, Esslingen 1995
Schmalhausen, Bernd: "Berthold Beitz im Dritten Reich", Essen 1991
Schmidt, Ernst: "Lichter in der Finsternis / Widerstand und Verfolgung 1943/45", Essen 1979
Schramm, Wilhelm Ritter von:"Beck und Goerdeler", München 1965
Stratmann, Hartmut: "Jüdisches Leben in Gelsenkirchen". Heft 1: KZ Außenlager, Gelsenkirchen 1995
Winter, Hans-H.: "Nieder-Kinzig: Dokumente über Heinrich und Maria List", Darmstadt/Michestadt 1992/1994

# Über den Autor

Herbert Straeten, 1927 am Niederrhein geboren, geriet 1945 bei den Straßenkämpfen in Berlin als blutjunger Soldat in russische Kriegsgefangenschaft. Nach seiner Heimkehr erlernte er in der amerikanischen Zone den Journalismus von Grund auf, büffelte Geschichte, schrieb Geschichten, Reportagen und Kommentare und interviewte bedeutende Zeitzeugen. Vom Literatur-Nobelpreisträger André Gide bekam er die Schlagzeile: "Nicht Deutschland – ganz Europa hat den Krieg verloren."

1961, im Jahr des Mauerbaus, wechselte er zur "Neuen Ruhrzeitung", wurde politischer Leiter und Mitglied der Chefredaktion. Die Verständigung mit den Opfern des Hitler-Regimes – vor allem in Israel und Polen – war einer der Schwerpunkte seiner Arbeit. Er berichtete aus zahlreichen Ländern und begleitete mehrere Bundespräsidenten, Kanzler und Außenminister auf wichtigen Auslandsreisen.

Für sein Engagement im Sinne der Aussöhnungspolitik wurde er mit dem Bundesverdienstkreuz I. Klasse und dem Verdienstorden des Landes Nordrhein-Westfalen ausgezeichnet. Die Ruhr-Universität Bochum erteilte ihm einen Lehrauftrag.

**Bildnachweis:**

Auswärtiges Amt, Bonn (1); Stadt Michelstadt/Odenw. (1); Gesellschaft für christlich-jüdische Zusammenarbeit, Gelsenkirchen (1); Peter Happel, Essen (1); Mainpost, Würzburg/Norbert Galvagni (1); Privatbesitz Wolfgang Gaebler, Bonn (2); Robert Bosch GmbH, Stuttgart (1); Kreisjugendring, Esslingen (1); Stadtbildstelle Essen (2); J.H. Darchinger, Bonn (1); NRZ-Foto Remo Bodo Tietz (1); Privatbesitz Götz Liedtke, Pocking (1); Sächsische Staatskanzlei Dresden/Christiane Eisler (1); Privatbesitz Irmgard Straßmann, Mainz (2); Peter Nierbaum, Osnabrück (1).